RENTAL

미래산업을 선도하는 창업 플랫폼

렌털

초판 1쇄 발행 2024년 11월 25일

지은이 양희영, 이용훈
펴낸이 김봉윤
펴낸곳 씨이오메이커(ceomaker)
출판등록 제2013-23호

편집장 민보윤
편집디자인 박예은
교정교열 김봉수

주소 서울특별시 관악구 국회단지 20길 16, 101호
전화 02-877-7814
팩스 02-877-7815
이메일 ceomaker79@gmail.com
홈페이지 www.ceobooks.kr

ISBN 979-11-91157-14-7
값 25,000원

잘못된 책은 구입하신 곳에서 바꾸어 드립니다.
이 책에 실린 모든 내용, 디자인, 이미지, 편집 구성의 저작권은 도서출판 씨이오메이커와 저자에 있습니다.
허락 없이 복제하거나 다른 매체에 옮겨 실을 수 없습니다.

RENTAL

미래산업을 선도하는 창업 플랫폼

렌털

양희영 · 이용훈 공저

렌털 산업이 열어가는 무한한 가능성과 새로운 기회
이제 빚을 내어 창업하는 시대는 지났다!
공유와 지속 가능성의 시대를 여는 렌털 플랫폼으로 미래산업을 선도하는 방법을 소개한다.

- 렌털 서비스 시장 분석과 산업 동향
- 렌털 산업에 직면한 법적 문제와 대응 전략
- 렌털 민간자격증을 위한 핵심문제 수록

CEOMAKER
씨이오메이커

서론

대한민국은 역사상 유례없는 경제발전과 산업고도화를 이루며, 2021년 7월을 기점으로 개발도상국에서 선진국 그룹에 진입하였습니다. 이는 1964년 UNCTAD(유엔무역개발회의) 설립 이래 개발도상국에서 선진국으로 지위를 변경한 최초의 사례로 세계 경제사적으로도 큰 의의를 갖고 있습니다. 이러한 발전은 대한민국이 자립적인 경제 구조를 확립하고, 글로벌 시장에서 경쟁력을 확보하기 위해 꾸준히 노력한 결과라 할 수 있습니다.

또한 2023년 기준, 대한민국의 GDP는 34,000달러를 넘어섰습니다. 이러한 성장은 제조업 기반의 다양한 산업에서 수출과 내수 시장의 안정이 큰 역할을 하였습니다. 더불어 초격차 산업 분야와 함께 휴대전화, 자동차, 선박, 철강 등 여러 분야에서의 두드러진 성장이 경제를 견인했습니다. 최근에는 한류 열풍이 전 세계적으로 확산되면서 K-POP, 영화, 드라마, 웹툰과 같은 다양한 문화 콘텐츠가 새로운 경제 성장 동력으로 자리 잡고 있습니다.

이처럼 대한민국의 경쟁력은 특정 분야에 국한되지 않으며, 글로벌 사회에서의 경쟁력과 위상은 이제 세계 TOP 10에 들어간다고 해도 과언이 아닙니다. 이러한 경제 성장과 산업 고도화는 서비스 분야까지 확장되었으며, 그중에서도 공유경제의 관점에서 렌털 관련 서비스 시스템에 주목할 필요가 있습니다.

대한민국에서 렌털은 용어가 정립되기 이전인 1980년대 초부터 존재했습니다. 예를 들어, 만화책방, 비디오 및 DVD 대여점, 그리고 부동산의 전·월세가 대표적입니다. 당시만 하더라도 이와 같은 렌털 서비스는 동네마다 3~4곳 이상 존재하며, 파편적이고 소규모 형태로 운영되었습니다. 단순히 물건을 빌려주고 그에 대한 대가를 받는 정도의 비즈니스 모델이었으며, 이것이 대한민국 렌털 산업의 시초라 할 수 있습니다. 초기 렌털 서비스는 제한적이었으나, 소비자들의 다양한 요구를 반영하며 점차 확장되었습니다.

이후, 서울에서 열린 세계적인 이벤트인 올림픽 개최를 계기로 자동차 렌트 시장이 활성화되고 산업화되었습니다. 이 과정에서 정수기, 복사기 등 고가의 전자제품을 중심으로 렌털 산업이 성장하기 시작했으며, 기업들도 경제적 효율성을 높이기 위해 렌털 서비스를 적극적으로 도입하면서 시장은 더욱 확장되었습니다.

렌털 시장은 2020년에 이미 40조 원을 넘어선 것으로 추정되며, 2025년에는 100조 원에 이를 것으로 전망됩니다. 개인 및 가정용품, 산업기계 및 장비, 차량 등 다양한 렌털 서비스가 양호하게 성장하고 있으며, 경기 침체와 소비 시장의 위축에도 불구하고, 인구 구조와 소비 욕구의 변화로 인해 렌털 시장은 지속적으로 성장할 것으로 전망되고 있습니다. 이러한 흐름은 경제적 부담을 줄이려는 소비자들의 변화하는 소비 패턴을 반영하며, 렌털 산업이 앞으로도 안정적으로 성장할 것임을 시사합니다.

과거에는 물건을 소유해야 한다는 인식이 지배적이었으나, 최근에는 다양한 제품을 사용하고자 하는 심리적 요인과 신기술 및 신제품의 출시 주기가 짧아지면서, 소비자들이 구매보다는 렌털을 선호하는 경향이 증가하고 있습니다. 이러한 변화는 소비자들이 소유보다는 사용에 더 가치를 두는 새로운 소비 트렌드를 반영합니다. 이에 따라, 렌털 서비스는 단순한 경제적 선택을 넘어 라이프스타일의 변화로 자리 잡고 있으며, 이러한 현상은 젊은 세대에서 특히 두드러지게 나타나고 있습니다.

이와 더불어, 환경 문제에 대한 인식이 높아지면서 지속 가능한 소비를 실천하려는 움직임도 렌털 서비스의 확산을 촉진하고 있습니다. 제품을 소유하기보다는 필요할 때만 사용하는 방식은 자원 절약과 환경 보호에 기여할 수 있으며, 이는 렌털 서비스의 또 다른 장점으로 소비자들에게 인식되고 있기 때문입니다.

그러나 이와 같은 안정적인 성장에도 불구하고, 소비자 불만 사례와 사고율 또한 증가하고 있는 실정입니다. 소비자 불만의 주요 원인 중 하나는 악의적인 행태를 보이는 일부 사업자들이 시장에 진입하는 것입니다. 이들은 소비자에게 과도한 렌털료를 부과하면서도, 이를 명확하게 설명하지 않거나 중요한 조건들을 숨겨 소비자들이 이를 제대로 이해하지 못하게 만듭니다. 이러한 불투명한 거래 방식 때문에 소비자들의 불만이 증가하고 있으며, 또한 최근에는 경기 불황으로 인해 창업자의 실적이 악화되면서 렌털료를 미납하는 사고도 증가하고 있습니다.

이러한 여러 이유들로 '렌털 제품은 비싸고 믿을 수 없다'라는 이미지가 소비자와 사회 전반에 만연한 것도 사실입니다. 더 나아가, 렌털 산업의 규모에 비해 관련 전문 서적이 거의 없는 상황이라, 이 분야에 새로 진입하려는 사람들은 선임자의 노하우와 경험에 절대적으로 의존할 수밖에 없는 것도 렌털 서비스 시장의 현실입니다.

이에, ㈜매일벤처스는 별도의 렌털 교육사업부를 신설 조직하고, 전문가 양성을 위한 교재 개발과 교육, 검정 시스템의 파이프라인(Pipeline)을 구축하였습니다. 이러한 노력은 렌털 서비스 시장의 전문성을 높이고, 소비자들에게 신뢰를 줄 수 있는 환경을 조성하기 위한 중요한 첫걸음이라 할 수 있습니다.

본 교재는 렌털 서비스 시장을 철저히 분석하고 이론화한 결과를 바탕으로, 보다 효율적이고 전략적으로 학습할 수 있도록 구성되었습니다. 더불어, 렌털 서비스 시장의 투명성 확보와 악성 기업의 퇴출, 그리고 렌털 산업의 이미지 제고에 기여하고자 연구한 내용을 이 책에 담았습니다.

이 교재는 앞으로 렌털 시장에 진입하려는 사람들에게 필수적인 지침서로 자리잡을 것이며, 나아가 렌털 산업 전체의 발전을 도모하는 데 중요한 역할을 할 것입니다.

㈜매일벤처스 대표이사 양희영

추천 서문

먼저 도착해 날 기다리고 있던 본 서의 원고를 받아들고 책상에 앉아 생각에 잠겼다. 원고 검수를 제안 받고, 경영학도로서 기업 전략 기획을 맡아 프레젠테이션을 진행하던 내 안의 DNA를 다시 깨우는 데는 그리 오랜 시간이 걸리지 않았다.

그때는 왜 이리 시험이 많았는지... 매일 시험과 과제에 쫓기는 신세였던 그 시절부터 지금까지 기억에 남아 있는 두 가지 시험 주제를 상기하는데 본 원고는 충분하였다.

"리더는 태어나는 것인가, 길러지는 것인가?"
"도대체, 전략이란 무엇인가?"

이 질문을 학생들에게 던졌던 교수님의 고민이 이제야 이해되는 것은 내가 나이가 들어서 일까, 아니면 내가 그 질문을 던지는 위치에 서 있기 때문일까? 이러한 질문들은 때로는 어렵고 모호했지만, 그것이야말로 리더십과 전략의 본질에 대한 깊은 성찰을 요구했기에, 이제 와서 그 질문들의 무게를 실감하게 된다.

사람을 고용하고 기업을 운영하며 수익을 창출해야 하는 리더는, 먹이를 놓지 않는 근성과 함께 사냥감을 포획할 적절한 기회를 포착하는 것이 중요하다. 이러한 동물적인 감각을 바탕으로 시장의 변화를 읽고, 그 변화에 대한 비전을 제시하며 새로운 수요를 발굴하는 것이야말로 교육으로 길러질 수 없는 리더의 자질이다. 원하는 것을 쟁취하기 위해 겪는 고통과 좌절은 리더에게 결코 위협이 되지 않는다.

본 서를 읽고 나는 조용히 무릎을 쳤다. '아, 렌털 시장!' 본 서의 앞부분에서 렌털 시장의 현황과 어느새 우리 일상 깊숙이 자리 잡은 렌털 제품에 대한 인식, 그리고 새로운 소비층에 대해 일목요연하게 정리된 글을 읽으면서, 렌털 시장의 기회를 포착한 리더의 동물적 감각에 조용히 미소를 지었다.

코로나라는 유례없는 상황은 AI, 사물인터넷, 키오스크 등의 기술을 경제 전반에 앞당겨 도입하게 했고, 온라인 소비 시장의 범위도 크게 확장시켰다. 이 책은 이러한 시장 변화에 대응하고 우리가 앞으로 직면할 문제들에 대한 대안을 제시할 수 있을 것이다. 특히, 렌털 시장이 하나의 산업으로 자리 잡으면서 발생할 수 있는 사회적 문제들, 그리고 현재 크고 작은 갈등으로 인해 발생하는 법적 문제들을 다루며, 이에 대한 대응 전략을 각 절로 구분하여 적절한 언어와 내용으로 구성하고 있다. 이러한 문제들은 단순히 이론적으로 접근할 수 없는 현실적인 도전 과제이며, 이 책은 그러한 문제들을 해결하는 데 있어 실질적인 도움을 줄 수 있을 것이다.

또한, 렌털 사업에서 발생할 수 있는 문제들을 정리하고, 렌털 관련 민간자격증을 기반으로 자격을 갖추고 신뢰할 수 있는 인력에 대한 수요 창출은 무엇보다 중요하다. 이에 렌털 자격증 제도를 도입하여 인력을 양성하는 기업 활동과 이를 통해 시장의 기회를 구체적으로 제시한 부분은 매우 인상적이다. 더불어 각 장과 절의 구성이 깔끔하게 이루어져 있어, 시험을 준비하는 입장에서 보다 쉽게 이해할 수 있도록 난이도가 조절되어 있다. 각 단원마다 문제 형식으로 핵심을 정리할 수 있도록 한 부분은 독자의 집중력을 높이는 데 큰 도움이 될 것이다.

최근 인수합병을 통해 진출 산업의 범위를 넓히고 있는 대기업들도 자사 제품군의 확장을 통해 렌털 산업에 동참하고 있다. 이들은 기존의 렌털사들과는 유통 방식이 다르기 때문에 직접적인 경쟁이라고 할 수는 없지만, 여전히 동일한 소비자를 대상으로 경쟁하고 있는 것은 사실이다.

　또한, 소득별 소비 형태의 양극화를 넘어, 개인의 소비 패턴에서도 양극화 현상이 나타나면서 렌털 산업이 성장하고 있다. 과거에는 소득별로 소비 제품과 규모가 나뉘었으나, 코로나로 인한 극단적인 이동 통제 환경을 겪은 후, 개인의 소비 패턴이 유례없이 변화하였으며 이로 인해 소비의 영역이 극단적으로 나타나는 현상을 쉽게 찾아볼 수 있다.

　예를 들어, 월 10번 돼지고기를 사 먹던 개인이 닭고기로 대체하고, 해외 호캉스나 골프채 구입과 같은 사치품을 소비하면서도 생필품 구입을 위해 다이소와 할인마트를 찾는 극단적인 소비 행태가 바로 그것이다. 일회성 삶의 질 추구가 소비의 중요한 트렌드로 자리 잡으면서, 기업들은 타깃 마켓에 대한 분석을 다시 해야 하는 현실에 직면하게 되었다. 이러한 개인의 양극화된 소비 행태에 대응해, 렌털 산업에 등장하는 제품들은 일상생활에 필요한 것부터 사치품에 이르기까지 다양하게 확대되고 있다.

　이와 같은 소비 패턴의 변화는 렌털 산업에 새로운 기회를 제공하는 동시에, 기업들에게는 시장을 재평가하고 전략을 재정립해야 하는 과제를 안겨준다. 따라서 기업들은 이러한 소비자의 니즈를 충족시키기 위해 보다 다양한 제품군을 렌털 서비스에 포함시키는 한편, 유연한 계약 조건과 맞춤형 서비스를 제공할 필요가 있다. 이러한 전략적 대응은 렌털 산업의 성장을 견인할 수 있는 중요한 요소로 작용할 것이다.

　더불어 렌털 산업은 Airbnb와 Uber와 같은 공유 경제와 함께 더욱 성장할 것이다. 그러나 이러한 산업의 주요 플레이어인 렌털사들은 전문 가전 제조사들과 달리, 별도의 영업/관리 조직을 가지고 있어, 산업의 확대와 더불어 소비층의 새롭고 다양한 니즈를 충족시키는 데 있어 렌털이 대체제로 각광받는 반면, 잠재적인 문제점도

내포하고 있다.

  어느 영역에서나 발생할 수 있는 갈등과 분쟁은 기업의 이미지를 손상시키고, 지속 가능한 기업 활동을 저해할 수 있는 잠재적 위험 요소로 작용한다. 이러한 문제는 제조사가 고객과의 영구적인 접점을 확보하고 의미 있는 데이터를 소유할 수 있다는 점을 고려하더라도, 수익 창출 과정에서 발생할 수 있는 갈등과 분쟁의 위험을 간과해서는 안 된다는 점을 시사한다.

  이처럼 급격한 확장이 예상되는 렌털 산업에 대한 기대와 더불어, 이를 보호하고 건강한 경제 활동을 뒷받침할 제도 마련이 시급한 시점에서 렌털 관련 자격증이 새롭게 도입된다는 것은 매우 반가운 일이라 할 수 있다. 렌털 제도에 대한 제도적 정비가 시급하다는 점은 렌털 산업의 잠재적 성장성에서 기인하는 것이다. 소비자의 다양한 니즈를 창출하고, 세분화된 소비자들에게 적합한 서비스를 제공함으로써 렌털사들은 더욱 성장할 것으로 예상된다.

  B2B, B2C와 같은 기업 활동이 글로벌 시장에서 불확실성이 증대되는 시점에서, 렌털 관련 자격증이 건강한 렌털 산업 확대에 중요한 역할을 할 것으로 기대된다. 민간 자격증의 활성화는 기업 활동에 필요한 제도적 환경을 마련하고, 이를 뒷받침하는 법제 마련을 촉진할 것이다. 건강한 렌털 산업의 성장은 국가 경제에 선순환적인 경제 활동을 촉진하며, 시장 활성화와 경영 활동 간의 긴밀한 협력 네트워크를 형성하여, 공유 경제와 같은 새로운 경제 성장 동력을 창출하는 데 기여할 것으로 기대가 크다.

Vortex Foundation (USA) 자문위원, 교수 이근영

목차

서론 4
추천 서문 8

Chapter 1 — 기본 개념 및 이해   14

1-1 렌털의 일반적 의미 16
1-2 렌털과 리스의 차이점 23
1-3 리스의 용어와 분류 25
1-4 상품 및 서비스의 이해 28
1-5 렌털서비스 사고 사례 34
1-6 리스와 렌털의 법적 성질 및 근거법규 37
    가. 금융리스의 법적 성질 및 근거법규
    나. 운용리스의 법적 성질 및 근거법규
    다. 렌털의 법적 성질 및 근거법규
1-7 렌털서비스 활성화에 따른 예측되는 사회적 문제 41
단원 핵심문제 44

Chapter 2 — 고객관계관리와 서비스   46

2-1 고객관계관리(CRM) 48
2-2 렌털 회사의 CRM 접근법 51
2-3 고객 서비스 전략 및 고객의 개인정보관리 54
    가. 고객 서비스의 정의
    나. 고객 만족을 위한 맞춤형 서비스 전략
    다. 효과적인 고객 서비스 제공 방법
    라. 고객의 개인정보관리
    마. 효율적인 고객정보관리 방안
    바. 고객정보관리의 중요성
    사. 개인정보 유출 및 노출의 정의
단원 핵심문제 65

Chapter 3 마케팅 66

3-1 마케팅(Marketing)의 의미 68
3-2 STP 전략 69
    가. 시장 세분화 기준변수
    나. 시장 세분화 효과
    다. 효과적인 세분화 요건
3-3 마케팅 믹스(Marketing Mix) 75
3-4 제품 수명 주기(Product Life Cycle, PLC) 78
3-5 기업 사례 81
    가. 배달의민족
    나. 마켓컬리
단원 핵심문제 89

Chapter 4 렌털 산업 동향 90

4-1 국내 동향 92
    가. '소유'에서 '대여'로 변화하는 소비 트렌드
    나. 렌털 서비스의 주요 소비자 연령층
    다. 국내 렌털 시장 방향
4-2 해외 동향 107
    가. 회원 간 명품 렌털 서비스 'Laxus'
    나. 가족 대여 서비스 'Family Romance'
    다. '전포 안이 작은 점포', 일본 렌털 쇼케이스 'GET'S'
    라. 명품 시계 구독서비스 '카리토케'
    마. 서비스를 제공하는 공간으로의 변화 'MARUI'
단원 핵심문제 118

Chapter 5 재무회계 120

5-1 회계의 개념 122
5-2 회계감사 124
5-3 자산 126
    가. 현금 및 현금성 자산
    나. 부채
    다. 자본
    라. 유형자산 및 무형자산
단원 핵심문제 133

부록 | 참고자료 136
    | 렌털 전문 관리사 자격시험 안내 및 예상문제 137
    | 렌털 서비스에 필요한 경제금융용어 158
    | 렌털 표준 약관 및 계약서 165

RENTAL

CHAPTER

1

기본 개념 및 이해

1-1 렌털의 일반적 의미
1-2 렌털과 리스의 차이점
1-3 리스의 용어와 분류
1-4 상품 및 서비스의 이해
1-5 렌털서비스 사고 사례
1-6 리스와 렌털의 법적 성질 및 근거법규
1-7 렌털서비스 활성화에 따른 예측되는 사회적 문제

1-1
렌탈의 일반적 의미

렌탈(Rental) 서비스는 최근 들어 인구 구조 및 소비 성향 변화에 따른 합리적인 소비 형태로 인식되면서 지속적인 성장세를 보이며, 새로운 방식으로 진화하여 공유 경제라는 비즈니스 모델을 탄생시켰다.

과거와 달리, 이제는 단순히 재화(Goods)나 서비스를 제공하는 것을 넘어서, 플랫폼 비즈니스 모델을 도입해 새로운 패러다임을 제시하고 있다. 특정 영역에 국한되지 않고, 산업 장비, 가전제품, 패션, 헬스케어 등 유통되는 모든 분야를 아우르게 되었다.

이러한 플랫폼 기반의 렌탈 서비스는 소비자와 공급자를 연결하는 중요한 역할을 하며, 기존의 비즈니스 모델과는 차별화된 접근 방식을 통해 효율성을 극대화하고 있다. 이로 인해 렌탈 서비스는 단순한 대여의 개념을 넘어, 사용자 경험 중심의 가치 제공이라는 새로운 차원으로 확장되고 있다.

이러한 추세를 반영하듯, 국내 렌탈 시장에는 대기업, 중소기업, 개인사업자의 참여가 늘어나 현재 30,000개 이상의 업체가 서비스를 제공하고 있는 것으로 추정되고 있다. 또한, 렌털 시장은 제조업과 유통산업에도 변화를 가져왔으며, 제품 관리 시스템과 신제품 생산 주기 단축에도 영향을 미쳤다.

이는 렌털 산업이 단순히 소비자 서비스에 그치지 않고, 전체 산업 구조에 미치는 영향력이 크다는 것을 의미한다. 기업들은 렌털 시장에서의 경쟁력을 강화하기 위해, 더 나은 품질의 제품과 효율적인 관리 시스템을 도입하고 있으며, 이러한 변화는 제조업체와 유통업체 간의 협력을 더욱 긴밀하게 만들고 있다.

<표-1 렌털 영역의 변화>

1세대	2세대	3세대
정수기, 공기청정기, 자동차	1세대 제품포함 + 가전제품, 헬스케어 제품 등	1, 2세대 제품 포함 + 모든 제품
정수기, 자동차	정수기, 자동차 + 냉장고, 안마의자 등	정수기, 자동차 + 냉장고, 안마의자 등 + 다양한 제품

고객의 니즈와 사회적 변화에 맞춰 지속적으로 성장해 온 국내 렌털 시장은 2020년 40조 1000억원에서 2025년 기점에는 100조원에 달할 것으로 전망되고 있다.

이러한 시장의 성장은 단순히 경제적 측면에서의 확장뿐만 아니라, 소비자 라이프스타일의 변화를 반영하는 중요한 지표로서의 의미를 지닌다. 렌털 시장의 확대는 앞으로도 다양한 산업 분야에서 혁신적인 비즈니스 모델을 촉발할 것으로 기대되며, 이는 글로벌 시장에서 대한민국의 경쟁력을 높이는 데에도 기여할 것이다.

<그림-1 양호하게 성장 중인 국내 렌털시장 추정치 >

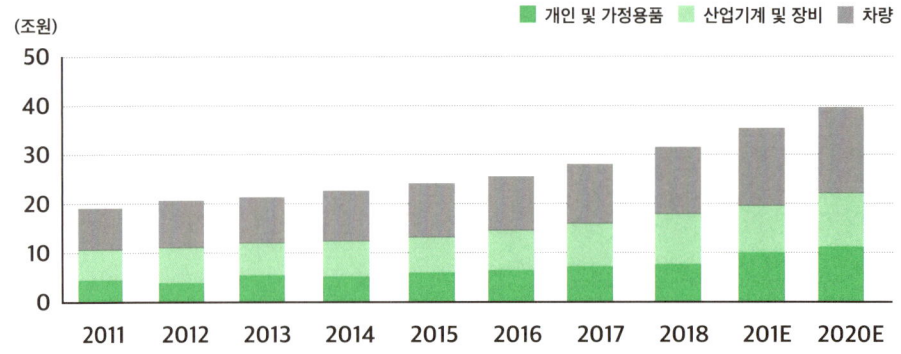

자료 : 삼성증권, KT경제연구소

① 기술의 발전과 혁신 : 렌털 산업은 기술의 발전과 혁신에 크게 영향을 받는다. 특히, IoT 기술, 빅데이터 분석, 인공지능 등의 기술이 렌털 서비스의 효율성과 편의성을 향상시킬 것으로 예상된다. 이러한 기술적 진보는 단순히 서비스의 질을 높이는 데 그치지 않고, 렌털 서비스 운영의 전반적인 비용 구조를 재정립하는 데도 중요한 역할을 한다.

예를 들어, 스마트기기를 통한 원격 관리 및 모니터링 기능을 제공함으로써 서비스 품질을 향상시키고 비용을 절감할 수 있다. 이는 소비자에게 보다 합리적인 가격으로 서비스를 제공하는 동시에, 기업의 운영 효율성을 높이는 효과를 가져올 것이다.

② 지속 가능한 소비 모델 : 환경 보호 및 지속 가능성에 대한 관심이 높아짐에 따라, 렌털 산업은 지속 가능한 소비 모델로서 주목받을 것으로 보인다. 이와 함께, 글로벌 차원에서 자원의 효율적 사용과 폐기물 감소에 대한 압력이 증가하고 있어, 렌털 서비스는 이러한 요구를 충족시키는 중요한 수단으로 부상하고 있다. 제품을 렌

털하여 필요한 만큼만 소비하고, 재활용 및 재사용을 통해 자원 소비를 최소화하는 방향으로 발전할 것으로 전망된다.

이러한 지속 가능한 소비 모델은 특히, 환경에 대한 책임을 중시하는 젊은 소비자층에게 더욱 매력적으로 다가갈 것이다. 더불어, 기업들도 환경적 책임을 다하기 위한 노력의 일환으로, 자사의 제품을 렌털 형태로 제공하는 방안을 적극 고려하게 될 것이다.

③ 다양한 시장 세그먼트의 성장 : 렌털 산업은 다양한 시장 세그먼트에서 성장이 기대된다. 이러한 성장은 렌털 서비스가 특정 산업이나 소비층에 국한되지 않고, 모든 분야에서 활용될 수 있는 유연성을 갖추고 있기 때문에 가능하다. 특히 공유 경제의 확대와 더불어 개인 소비자부터 기업 및 산업 고객까지 다양한 수요를 충족시키는 서비스가 늘어날 것으로 예상된다.

이러한 확장은 B2C(Business to Consumer) 시장뿐만 아니라 B2B(Business to Business) 시장에서도 두드러질 것으로 예상되며, 렌털 서비스는 산업 전반에서 필수적인 요소로 자리 잡을 것이다.

④ 코로나 후 대응과 변화 : 코로나19 팬데믹은 렌털 산업에도 영향을 미쳤으며, 이에 대한 대응과 변화가 필요하다. 팬데믹 기간 동안 사람들의 생활 방식과 소비 패턴이 크게 변화하면서, 비대면 서비스의 수요가 급증했고, 이에 따라 렌털 산업도 이에 발맞춰 변화할 필요성이 대두되었다. 따라서 비대면 서비스, 청결 및 위생 관리 강화, 사회적 거리두기 규정 준수 등이 산업의 향후 발전 방향에 영향을 미칠 것으로 예상된다.

⑤ 경쟁과 협업 : 렌털 산업은 점차 경쟁이 치열해지고 있으며, 이에 따라 기업 간 협업 및 파트너십 구축의 중요성이 더욱 커질 것이다. 특히 신기술 및 서비스 개발을 통한 경쟁력 강화와 고객 경험 개선을 위한 협업이 활발해질 것으로 전망된다. 이러한 협업은 단순히 시장에서의 경쟁 우위를 확보하는 것을 넘어, 새로운 시장 기회를 창출하고 고객 충성도를 높이는 데 중요한 역할을 할 것이다.

종합적으로, 렌털 산업은 기술의 발전, 지속 가능한 소비 모델의 확대, 다양한 시장 세그먼트의 성장, 코로나 후 대응과 변화, 경쟁과 협업 등의 다양한 요인에 의해 더욱 성장하고 발전할 것이다. 이와 같은 성장 동력은 렌털 산업이 기존의 전통적인 소비 모델을 뛰어넘어, 새로운 소비 트렌드를 주도하는 핵심 산업으로 자리매김하는 데 중요한 역할을 할 것이다.

앞으로 렌털 서비스는 소비자와 기업 모두에게 더 큰 가치와 유연성을 제공하는 방식으로 진화할 것이며, 이를 통해 렌털 산업은 지속 가능한 성장 경로를 계속해서 걸어갈 것이다.

핵심!
- 인구 구조 및 소비 성향 변화로 렌털 서비스가 합리적인 소비 형태로 인식.
- 자동차 및 생활가전 중심에서 취미 등 다양한 영역으로 확산 중.
- 라이프 스타일을 반영한 개인 맞춤형 상품 제공.

렌털(Rental)의 핵심 가치를 다시 설명하자면, 렌털은 소비재나 서비스를 장기적으로 사용하고자 할 때 구매 대신 임대 형태로 이용하는 방식이다. 이 방식은 초기 비용을 절감하고, 필요에 따라 자산을 유연하게 관리할 수 있다는 점에서 매우 효율적이다. 사용 기간 동안 일정한 비용을 지불하고, 기간이 종료되면 물품을 반환하거나 옵션을 선택해 새로운 제품을 임대할 수 있다. 또한, 사용 기간 이후 구매 형태에 따라 고객(기업, 개인)의 자산으로 전환할 수도 있는 서비스업이다. 이는 구매 대신, 보다 유연하고 비용 효율적인 방식으로 자산을 관리하고자 하는 현대 사회의 요구를 충족시키며, 특히 빠르게 변화하는 기술 환경에서 신속하게 적응할 수 있는 솔루션을 제공한다는 점에서 그 중요성이 크다.

렌털 산업은 민법 상 임대차 규정[1]과 상법상의 요건만 충족하면 누구나 설립이 가능하고, 시장 진입 장벽이 낮은 편에 속해 시장 경쟁자는 늘어나는 추세이다. 이러한 낮은 진입 장벽은 소규모 사업자들에게도 기회를 제공하며, 시장의 다양성을 촉진한다.

<그림-2 렌털 사업 비즈니스 구조>

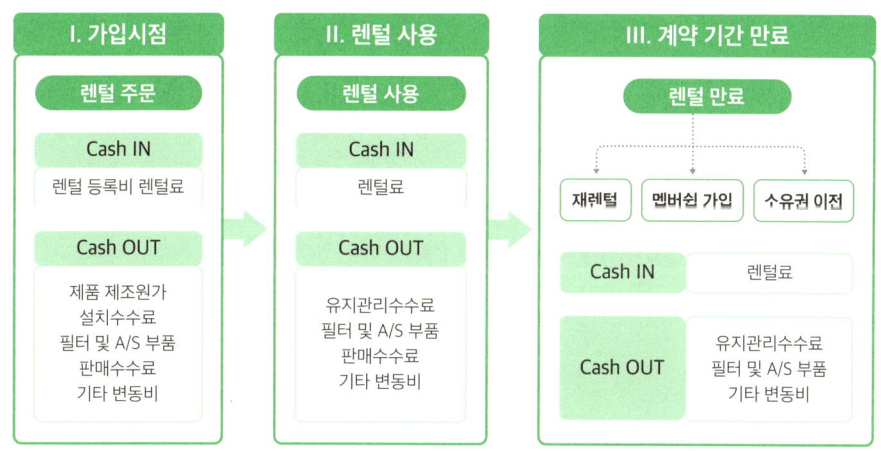

자료 : 웅진코웨이, 삼성증권

소비자의 소비 패턴 변화는 제품의 수명이 점점 단축되는 세상에서 모든 것이 일시에 퇴물이 되는 현상을 반영한다. 현대 소비자들은 빠르게 변화하는 기술과 트렌드에

---

[1] 민법 제652조(강제규정), 제627조, 제628조, 제631조, 제635, 제638조, 제640조, 제641조, 제643조 내지 제647조의규정에 위반하는 약정으로 임차인이나 전차인에게 불리한 것은 그 효력이 없음.

맞추어 자신의 필요를 충족시키기 위해 더 이상 제품을 소유하는 것에 집착하지 않는다. 변화만이 유일한 상수인 세계에서, 소유하고 보유하려는 태도는 점차 설득력을 잃어가고 있다(Jeremy Rifkin 2001). 지속적인 변화와 빠른 기술 발전이 소비자들로 하여금 새로운 접근 방식을 고민하게 만들고 있으며, 이러한 환경 속에서 소유보다 유연성과 효율성을 중시하는 경향이 강해지면서, 렌털 서비스의 인기가 높아지고 있는 것이다.

렌털 산업이 커지게 된 이유는 크게 두 가지 요인으로 나눌 수 있다. 첫 번째는 계속되는 경제 침체, 두 번째는 가족 구성원의 변화이다. 경제 침체는 소비자들로 하여금 큰 금액을 한꺼번에 지출하기보다는, 필요한 때에만 비용을 지불하는 방식을 선호하게 만들었다. 이와 함께, 가족 구성원의 변화 역시 렌털 서비스의 확산에 큰 영향을 미쳤다. 핵가족화, 1인 가구의 증가, 결혼 및 출산 연기 등으로 인해 생활 패턴이 변화하면서, 필요한 물품이나 서비스를 소유하기보다는 필요한 때에 빌려 쓰는 것이 더 효율적이라는 인식이 확산되고 있다.

또한, 개인의 경제력이 빠르게 변하는 제품 유행 주기를 따라가기 어려워진 것도 렌털 서비스 증가에 영향을 미친 것으로 보인다. 이러한 현상은 '소유하는 것보다 사용하는 것이 중요하다'라는 새로운 소비 패턴으로서, 제한된 금액 내에서 최대 만족을 얻으려는 소비자의 심리라고 할 수 있다(변미영 2014). 이와 같은 심리는 렌털 서비스의 다양한 분야로 확장되면서, 소비자들이 보다 경제적이고 효율적인 소비를 실현할 수 있도록 돕고 있다. 렌털 서비스는 이제 단순한 대체 수단이 아니라, 현대 소비문화의 중요한 축으로 자리잡아가고 있다.

---

2   변미영. (2014), 렌털서비스 기업의 신뢰향상요인.

1-2 렌털과 리스의 차이점

렌털(Rental)과 리스(Lease)의 용어를 혼용하거나 혼동하여 사용하는 경우가 흔하다. 렌털과 리스는 비슷해 보이지만, 소유 형태, 목적, 부채 처리, 계약 구조 등에서 몇 가지 차이점이 있다.

사전적 의미로 보면, 렌털은 '타인이 수유한 집, 방, 자동차 등을 사용하기 위해 정기적으로 고정된 금액을 지불하는 것'을 의미하며, 리스는 '특정 기간 동안 고객이나 기업이 부동산 또는 동산을 사용하는 대가로 지불하는 재정적 합의'라고 할 수 있다.

<표-2 렌털과 리스의 차이점>

구분	렌털		리스	
	반환형	소유권 이전형	운용리스 (렌털과 유사)	금융리스
법적 성질	임대차	임대차	임대차	당사자 간 비전형적 계약
적용 법규	민법 상 임대차 규정	민법 상 임대차 규정	민법 상 임대차 규정	상법 여신금융전문업법 중 시설대여

소유권	렌털 사업자	계약 기간 동안은 렌털 사업자, 계약 종료 시 소유권이 고객에게 이전	리스 사업자	리스 사업자
유지 및 관리	유지 및 관리서비스 有 (대여물품에 따라 차이)	유지 및 관리서비스 有 (대여물품에 따라 차이)	리스업자는 유지 의무, 리스 이용자는 관리의무	리스 이용자가 유지, 관리 의무 모두 부담
중도 해지	중도해지 가능 (중도 해지 수수료 지급)	중도해지 가능 (중도 해지 수수료 지급)	중도해지 가능 (중도 해지 수수료 지급)	원칙적으로 금지 (예외적으로 중도 해지 시 리스 업자의 손해도 배상)

자료 : 국회입법 조사처, 한국소비자원

렌털은 소비자에게 제품을 구매하는 데 필요한 초기 비용을 절감하고, 제품을 일정 기간 동안 사용할 수 있는 유연성을 제공한다. 특히, 빠르게 변하는 기술 제품이나 최신 트렌드를 반영한 제품군에서는 소비자들이 렌털을 통해 최신 제품을 경제적으로 이용할 수 있는 기회를 얻게 된다. 이러한 특성 때문에 렌털은 소비자들에게 짧은 주기로 신제품을 경험할 수 있는 방법을 제공하며, 지속적인 비용 부담 없이 최신 기술과 제품을 활용할 수 있는 장점이 있다. 렌털 업체는 제품을 임대하고 유지·보수하는 것으로부터 이익을 얻는다.

리스는 렌털과 유사한 서비스 형태이나, 법적 성질과 적용 법규에 따라 여신전문금융업법으로 분류되어 규제를 받는다. 리스 계약은 주로 고가의 자산을 장기간 사용하는 경우에 적용되며, 자산의 소유와 관련된 법적 책임 및 권리가 중요하게 다루어진다. 이러한 이유로 리스는 주로 기업들이 고정 자산을 관리하는 도구로 사용되며, 기업의 재정 계획과 밀접하게 연관되어 있다.

1-3
리스의 용어와 분류

리스의 원래 의미는 어떤 물건을 타인에게 빌려주고 사용료를 받는 개념으로, 「민법」상의 임대차(민법 제618조)를 의미하였다. 즉, 토지·건물 등 부동산이나 선박·비행기 등 물건의 소유자가 그 물건을 일정기간 동안 타인에게 사용·수익하게 하고(사용·수익권의 부여), 그 대가인 사용료를 지급 받기로 하는 약정을 말한다.[3] 이러한 전통적인 리스 개념은 시간이 지나면서 다양한 형태로 발전해 왔으며, 오늘날의 금융리스와 운용리스로 세분화되었다.

리스 제공자는 각 리스를 금융리스와 운용리스로 분류한다. 리스자산의 소유에 따른 위험과 보상의 대부분(Substantially all)을 이전하는 리스는 금융리스로 분류하고, 리스자산의 소유에 따른 위험과 보상의 대부분을 이전하지 않은 리스는 운용

---

[3] 리스는 여러 기준에 따라 다양하게 구분된다. 즉 리스기간에 따라 단기리스와 장기리스, 리스대상 물건의 특정 여부에 따라 개별리스와 포괄리스, 리스료 지급 방법에 따라 정액리스와 정률리스, 리스물건 구입가격의 전액 회수 여부에 따라 완급리스와 미완급리스, 부대의무 부담에 따라 순리스와 총리스, 리스이용자에 따라 사업자리스와 소비자리스로 구분된다(김재두, "금융리스에 관한 법적 검토", 「금융법연구」, 제9권 제1호(2012), 한국금융법학회, 428면 · 431면 ; 조민제, "법률상 금융리스의 개념에 대한 고찰 - 대법원 1997.11.28.선고 97다26098 판결을 중심으로 -", 「여신금융」, 제30호, (2012), 여신금융협회, 58면 ; 홍정아 · 최지현, 「리스 및 렌털 용어와 소비자 보호 관련 쟁점」, NARS현안보고서 제274호, 국회입법조사처, 2015.11.2, 3면).

리스로 분류한다.

　금융리스는 대출금을 분할상환하면서 사용하다 계약이 종료되면 잔가를 결제하면 소유권이 이전되는 것을 말한다. 이러한 방식은 기업들이 자산을 소유하는 동시에, 초기 투자 비용을 분산할 수 있는 장점이 있다. 금융리스는 주로 장기적으로 사용이 필요한 자산에 적합하며, 사용 기간 동안 자산의 소유권이 궁극적으로 사용자에게 이전될 수 있다는 점에서 기업들에게 재무적인 유연성을 제공한다.

　반면, 운용리스는 계약기간 동안 사용권만을 가지며, 소유권은 리스사에 있는 것을 말한다. 운용리스는 자산의 사용 기간이 비교적 짧거나, 사용 후 반환이 용이한 자산에 적합하다. 기업은 자산의 유지보수와 관련된 책임을 덜 수 있으며, 계약이 종료되면 자산을 반환하고 새로운 장비로 교체하는 등의 유연한 자산 관리를 할 수 있다. 운용리스는 특히 빠르게 변화하는 기술 환경에서 자산의 최신 상태를 유지하려는 기업들에게 유리하다.

<표-3 금융리스와 운용리스 비교>

구분	금융리스	운용리스
리스이용목적	금융	물건 사용
계약성격	금융적 성격 + 임대차 계약	임대차 계약
대상	특정 이용자	불특정 다수 이용자
리스물건	-	범용기종 (자동차, 컴퓨터, 사진기, 장비 등)
기간	리스물건의 내용연수 상당 기간	리스 물건의 내용연수 일부 기간
계약해지	불가	가능 (수시 또는 일정 예고기간 둠)
책임	리스이용자는 리스료 지급, 리스물건 유지관리 책임	리스업자는 수선의무, 위험부담, 하자담보책임

리스제공자와 리스이용자 사이의 거래는 리스 계약을 바탕으로 이루어지므로 양자가 일관된 정의를 사용하는 것이 타당하다. 그런데 이러한 정의를 양자의 서로 다른 상황에 적용함으로써 하나의 리스가 리스제공자와 리스이용자의 입장에서 각각 다르게 분류될 수도 있다.

따라서 렌탈과 리스를 적절히 활용하는 전략은 기업과 개인에게 중요한 의사결정 요소가 되고 있다.

렌탈 서비스는 단기 사용과 최신 제품 접근을 중시하는 소비자에게 적합하며, 가전, IT 기기, 패션 등에서 빠르게 성장 중이다. 특히 기술의 빠른 발전에 맞춰 최신 제품을 부담 없이 이용할 수 있어, 자주 교체가 필요한 제품군에 유리하다.

리스 계약은 장기적 자산 관리와 재정 계획을 목적으로 기업이 고가의 장비나 차량을 운용할 때 유리하다. 금융리스는 자산 소유의 장점을 제공하고, 운용리스는 관리 부담을 줄이며 자산의 교체를 유연하게 할 수 있어 효율적이다.

결국, 렌탈과 리스는 각자의 특성에 따라 소비자와 기업에 최적화된 솔루션을 제공하며, 기술 발전과 소비 패턴 변화에 맞춰 더욱 세분화되고 있다.

1-4
상품 및 서비스의 이해

현재 렌털 상품은 다양한 종류와 특징을 지니고 있다. 이는 산업 발전과 고객의 니즈에 따라 발전해왔으며, 가전제품과 자동차, 의류 등 여러 분야로 확장되고 있다. 이러한 확장은 소비자들의 요구가 점점 다양해지고, 생활 양식이 변화함에 따라 자연스럽게 이루어진 결과다. 또한, 디지털 기술과 데이터 분석의 발전으로 인해 고객의 선호와 패턴을 보다 정확히 파악할 수 있게 되면서, 렌털 서비스는 더욱 세분화되고 맞춤형으로 발전해가고 있다. 주요한 렌털 상품과 그 특징은 다음과 같다.

<표-4 주요한 렌털 상품과 특징>

구분	내용
가전제품	제품 : 냉장고, 세탁기, 에어컨, 전자레인지, 정수기 등
	장점 : 이사나 임시 주거 시, 장기적인 가전제품 사용을 고려할 때, 금전적 여유가 적은 경우 활용.
차량	제품 : 자동차, 밴, 트럭 등
	활용 : 여행, 이동성이 필요한 비즈니스 및 짧은 기간의 프로젝트 등에 활용.
의류 및 액세서리	제품 : 결혼식, 파티, 사진 촬영 등
	장점 : 특별한 행사나 일회성 이벤트

가전제품 렌털은 최신 기술을 경험하고 싶어하는 소비자에게 매우 인기가 높으며, 차량 렌털은 일시적이거나 장기적인 이동 수단의 필요를 충족시켜 준다. 의류 및 액세서리 렌털은 특별한 날을 위한 드레스나 트렌디한 패션 아이템을 경제적으로 일회성으로 이용할 수 있는 방법으로 자리잡고 있다.

이외에도 여행용품, 건설 장비 및 기기 등 다양한 상품들이 렌털 서비스로 제공될 수 있다. 이러한 서비스는 일시적인 필요를 해결하거나 초기 비용 부담을 줄이고자 하는 고객에게 매우 유용한 옵션이 될 수 있다.

특히, 여행용품 렌털은 자주 사용하지 않는 물품을 구매할 필요 없이, 여행 기간 동안만 필요한 물품을 사용하고 반환할 수 있어 여행자들에게 큰 호응을 얻고 있다. 건설 장비나 기기의 경우, 대규모 프로젝트를 수행하는 기업들이 비싼 장비를 구매하지 않고 필요할 때만 렌털하는 방식으로 비용을 절감하고 자원을 효율적으로 관리할 수 있다.

렌털은 여러 가지 이유로 구매보다 비용이 더 높을 수밖에 없다. 이자 및 추가 비용, 누적 비용, 소유권 상실 등이 발생하지만, 그럼에도 불구하고 개인이나 기업은 자신의 니즈와 재정 상황에 따라 렌털을 선택한다.

이러한 선택은 자금 유동성을 확보하려는 전략적 결정일 수 있으며, 또한 급변하는 시장 상황에서 자산을 소유하지 않고 필요할 때만 사용하려는 현대적 소비 패턴을 반영하기도 한다. 고객이 렌털 서비스를 선택하여 이용하는 이유를 4가지로 정리하였다.

<표-5 고객이 렌탈 서비스를 이용하는 4가지 이유>

구분	내용
비용분산	렌탈은 대부분 월별로 지불된다. 이는 큰 초기 비용 없이 제품을 사용할 수 있는 장점을 제공하고, 개인이나 기업은 큰 초기 투자 없이도 필요한 제품을 사용할 수 있다.
유연성	렌탈은 단기적인 필요에 맞춰 유연하게 조정할 수 있다. 예를 들어, 일시적인 프로젝트나 특별한 행사를 위해 장비나 제품을 임대할 수 있다.
유지보수 및 서비스 포함	일부 렌탈 서비스는 유지 보수 및 서비스를 포함하여 제공된다. 이는 제품의 고장 시 문제를 신속하게 해결할 수 있고, 유지관리에 대한 부담을 줄일 수 있다.
새로운 기술과 제품의 빠른 접근	렌탈 서비스는 새로운 기술이나 최신 제품을 더 빨리 접근할 수 있는 경로를 제공할 수 있다. 즉시 구매하는 것보다 렌탈을 통해 더 빨리 채택할 수 있다.

첫째, 렌탈은 대부분 월별로 지불되기 때문에 큰 초기 비용 없이 제품을 사용할 수 있는 장점을 제공하고, 개인이나 기업은 큰 초기 투자 없이도 필요한 제품을 사용할 수 있다. 특히, 자금 유동성이 중요한 상황에서 월별 지불 방식은 자본을 다른 중요한 사업이나 필요에 사용할 수 있도록 유연성을 제공한다. 이는 특히 자금 운용이 중요한 중소기업에게 매우 유리한 선택이 될 수 있다.

둘째, 렌탈은 단기적인 필요에 맞춰 유연하게 조정할 수 있다. 예를 들어, 일시적인 프로젝트나 특별한 행사를 위해 장비나 제품을 임대할 수 있다. 이는 기업들이 특정 프로젝트에 맞춰 필요한 자원을 적시에 확보할 수 있게 하며, 장기적인 투자 없이도 일시적인 필요를 충족시킬 수 있다. 또한, 특정 제품이 특정 기간 동안만 필요할 경우, 구매보다는 렌탈을 통해 비용을 절감하고, 필요가 끝난 후에는 쉽게 반환할 수 있어 매우 경제적이다. 이와 같은 유연성은 계절적 변동이 큰 산업이나 이벤트 산업에서 특히 중요하게 작용한다.

셋째, 일부 렌탈 서비스는 유지 보수 및 서비스를 포함하여 제공된다. 이는 제품의 고장 시 문제를 신속하게 해결할 수 있고, 유지관리에 대한 부담을 줄일 수 있다. 고객은 제품의 성능이나 상태에 대해 걱정할 필요 없이, 렌털 업체가 제공하는 유지보수 서비스를 통해 안정적인 사용을 보장받을 수 있다. 이는 특히 기술적인 전문 지식이 필요한 제품이나 고가의 장비를 사용하는 경우, 유지 관리에 드는 시간과 비용을 절감하는 데 큰 도움이 된다. 또한, 예상치 못한 고장이나 수리 비용을 걱정할 필요가 없어, 안정적인 예산 관리가 가능하다.

마지막으로 렌털 서비스는 새로운 기술이나 최신 제품을 더 빨리 접근할 수 있는 경로를 제공할 수 있다. 이는 특히 기술이 빠르게 발전하는 분야에서 큰 장점으로 작용한다. 소비자나 기업은 렌털을 통해 최신 기술을 경험하고, 시장에서 경쟁력을 유지할 수 있다. 즉, 렌털은 새로운 제품을 빠르게 경험하고, 필요에 따라 쉽게 교체할 수 있는 유연성을 제공한다. 이를 통해 소비자는 항상 최신의 상태를 유지할 수 있으며, 구식이 될 염려 없이 최첨단 기술을 활용할 수 있는 기회를 갖게 된다.

렌털이 여러 장점에도 불구하고 고객은 몇 가지 단점과 인식 때문에 서비스 신청을 망설이게 되고 고민하게 된다. 특히, 렌털 서비스를 처음 이용하는 고객이나 장기적인 관점에서의 비용 효율성을 고려하는 고객들에게 더욱 큰 고민이 될 수 있다. 이러한 고민은 고객이 렌털 서비스를 선택하기 전 신중하게 고려하게 만들며, 서비스 제공자 입장에서는 이러한 불안 요소를 해소하기 위한 노력이 필요하다.

고객이 인지하는 단점으로는 다음과 같다:

① 종속성 : 렌털 서비스를 이용하면 해당 물품이나 서비스에 대한 종속성이 생길 수 있다. 특히 일정 기간 동안 서비스나 물품을 이용해야 하는 경우, 자유롭게 선택을 변경하기가 어려울 수 있다. 이는 고객이 특정 브랜드나 서비스에 대한 유연성을

잃을 수 있다는 점에서 불편함을 초래할 수 있으며, 이러한 종속성은 고객이 다른 더 나은 옵션을 선택할 기회를 제한할 수 있다.

② 비용 : 일부 렌탈 서비스는 장기적으로 볼 때 구매하는 것보다 더 비쌀 수 있다. 특히 중장기적으로 대여할 경우, 총 비용이 높아질 수 있다. 이는 고객이 처음에는 적은 비용으로 서비스를 시작하더라도, 장기적으로는 더 많은 비용을 지불하게 되는 상황을 초래할 수 있으며, 이러한 비용 구조는 고객에게 부담으로 작용할 수 있다.

③ 제한된 선택 폭 : 렌탈 서비스에서는 종종 제한된 제품이나 브랜드만을 선택할 수 있다. 이는 사용자가 자신의 취향이나 요구에 맞는 제품을 선택하는 데 어려움을 겪을 수 있다. 고객이 원하는 특정 브랜드나 최신 모델이 제공되지 않는 경우, 서비스에 대한 만족도가 떨어질 수 있다. 이를 개선하기 위해, 서비스 제공자는 다양한 브랜드와 제품을 추가로 제공하고, 고객의 요구에 따라 선택의 폭을 넓히는 노력이 필요하다. 또한, 고객의 피드백을 반영하여 제품 라인업을 주기적으로 업데이트하는 것도 중요하다.

④ 보증금과 보험 : 일부 렌탈 서비스는 보증금을 요구하거나 보험 가입을 강제할 수 있다. 이는 추가 비용 부담이 될 수 있으며, 보증금 반환 과정에서 문제가 발생할 수 있다. 보증금 반환이 지연되거나 불투명한 경우, 고객은 불만을 가질 수 있으며, 이는 서비스의 신뢰도에 영향을 미칠 수 있다. 따라서 보증금 및 보험 관련 정책을 투명하고 명확하게 안내하고, 신속한 보증금 반환 절차를 마련하는 것이 중요하다.

⑤ 서비스 품질 문제 : 일부 렌탈 서비스는 서비스 품질이나 제품 상태에 문제가 있을 수 있다. 예를 들어, 배송 지연, 제품 하자, 또는 부족한 고객 서비스 등이 이에 해당된다. 이러한 문제는 고객의 신뢰를 떨어뜨리고, 재이용 의사를 감소시킬 수 있다.

이를 방지하기 위해 서비스 제공자는 제품 품질 관리와 고객 서비스의 향상에 지속적으로 투자해야 한다.

⑥ 취소 및 환불규정 : 일부 렌털 서비스는 취소 및 환불 규정이 엄격할 수 있다. 사용자가 예상치 못한 문제가 발생했을 때 추가적인 어려움을 초래할 수 있다. 고객이 계약을 취소하거나 변경해야 할 경우, 복잡하고 제한적인 절차는 불편함을 야기하므로 보다 유연한 취소 및 환불 정책을 도입하고, 고객의 상황에 맞는 해결책을 제시하는 것이 필요하다.

따라서 이러한 고객이 가지고 있는 페인 포인트[4](Pain point)를 상황과 니즈에 맞게 서비스를 설계하는 것이 중요하다. 이를 위해, 서비스 제공자는 고객의 목소리에 귀 기울이고, 그들이 직면할 수 있는 불편함을 미리 파악하여 해결책을 제시할 수 있어야 하며, 단순히 제품을 제공하는 것에 그치지 않고, 전반적인 고객 경험을 개선하는 데 중점을 두어야 할 것이다.

> **핵심**
> - 고객이 렌털 서비스를 이용하는 4가지 : 비용분산, 유지비용 및 관리, 유연성, 새로운 기술의 빠른 접근.
> - 고객이 인지하고 있는 렌털의 단점 : 종속성, 비용, 제한된 선택의 폭, 보증금과 보험, 서비스 품질 문제, 취소 및 환불규정.
> - 렌털과 리스(금융리스, 운용리스)의 용어 분류.

---

4 페인포인트(pain point) : 제품이나 서비스를 이용할 때 소비자가 불편, 불안, 고통 따위를 느끼는 지점

1-5
렌털 서비스 사고 사례

렌털 시장의 활성화와 산업 확장에 따라 관련 사고도 다양해지고 고도화되고 있어, 소비자뿐만 아니라 종사자들도 각별한 주의가 요구된다. 특히 렌털 시스템은 금융과 밀접한 유사성과 관계를 가지고 있어, 자칫하면 금융사고가 발생할 수 있으며, 관련 범죄에 연루될 가능성도 항상 염두에 두어야 한다. 금융사고는 단순한 경제적 손실을 넘어, 기업의 신뢰도를 훼손하고 소비자들에게 심각한 피해를 초래할 수 있다.

크고 작은 렌털 관련 사고가 지속적으로 발생하고 있으며, 이러한 범죄의 주체가 소비자일 수도 있고, 렌털사 담당자에 의해 발생하기도 한다. 범죄에 악용되는 수법 또한 다양하고 지능적이어서 범죄라는 것을 인지하기까지 오래 걸리는 것이 일반적이다. 이러한 상황은 특히 렌털 서비스가 기술적으로 복잡해지고 금융화되면서 더 심화되고 있다.

속칭 '렌털깡', '공렌털', '재렌털' 수법은 현금을 편취하거나 제품을 빼돌려 되파는 범죄 행위를 일컫는다. 이러한 범죄는 특히 저신용자나 고령자와 같은 사회적 약자를 대상으로 하여, 그 죄질이 매우 나쁘다. 이러한 범죄 행위는 경제적 어려움을 겪는 사람들을 더욱 취약하게 만들고, 이들이 금융 사기나 렌털 사기에 쉽게 노출될 수 있게 한다.

최근 2024년 5월, 저신용자의 명의로 법인을 설립한 후 가전제품을 대량 임대하고, 이를 중고 거래 사이트에 되파는 수법으로 운영된 '렌털깡' 조직 44명이 검거되었으며, 그중 5명이 구속되었다.

이 사건은 2017년부터 약 5년간 대구와 인천, 천안에서 조직적으로 발생하였으며 이른바 '내구제 대출'[5]을 받은 저신용자 이름으로 유령 법인설립 한 것으로 조사되었다. 이 사건은 단순한 개인 사기가 아닌 조직적이고 체계적인 범죄 행위로, 사법 당국과 업계 모두에게 큰 경각심을 불러일으켰으며, 금융 시스템의 허점을 이용한 범죄라는 점에서 더욱 큰 사회적 문제가 될 수 있다.

또한, 2021년에는 불법 렌터카 사업을 미끼로 110억 원대의 사기를 저지른 일당이 검거되었다. 이들은 '명의를 대여하고 대출로 고급 수입차를 구입한 후 렌터카 사업을 통해 매달 수익금과 할부금을 보장하며, 2년 뒤 차량을 처분해 대출 원금을 상환하겠다'고 속여 피해자 81명으로부터 수입차 132대를 구입한 뒤 이를 가로챘다. 이 사건은 일반 금융상품과는 다른 렌털 구조를 악용한 교묘한 수법의 사례로, 이와 같은 범죄에 연루되지 않도록 소비자의 주의와 관련자들에 대한 지속적인 교육 및 시스템 구축이 시급하다.

---

5 '나를 스스로 구제하는 대출'의 줄임말로 소액이 필요하지만 대출이 안 되는 사람이 본인 명의로 휴대전화를 개통하거나 가전제품을 빌린 후 대출업자에게 제공하고 건당 소액을 받는 불법 사금융이다. 대출이라는 명칭을 가지고 있으나 사실상 불법에 해당하는 사금융이기에 돈을 빌린 사람과 빌려준 사람 모두 처벌 대상이 된다.

<그림-3 속칭 '렌털깡' 사기사건 범행 체계도>

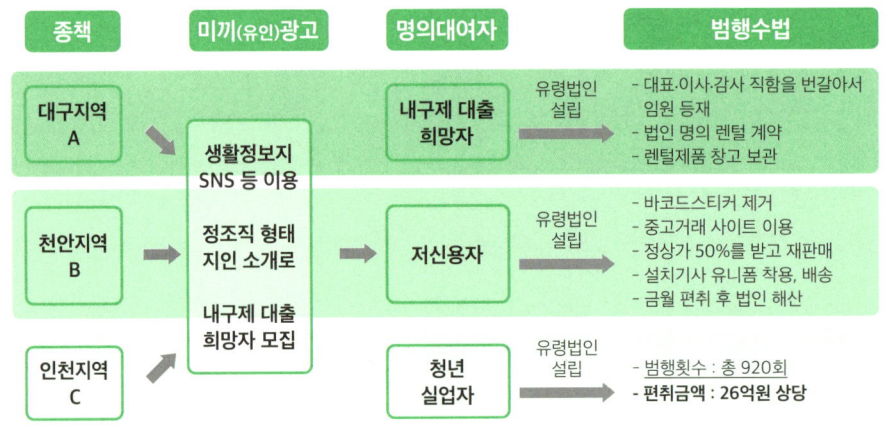

자료 : 서울경찰청 제공

이처럼 렌탈 시장이 확대됨에 따라 사고 예방을 위한 철저한 관리 체계와 법적 규제 강화의 필요성이 커지고 있다. 소비자 보호와 금융 사고 방지를 위해 기업들은 내부 통제와 모니터링 시스템을 강화하고, 거래의 투명성을 확보해야 하며, 고객 정보 보안과 신용 위험 관리에도 각별히 주의를 기울여야 할 것이다.

또한, 정부와 업계의 협력을 통한 제도적 장치 마련이 필요하며, 특히 신용 약자와 고령자 등 취약 계층을 보호할 수 있는 정책적 뒷받침이 요구된다. 2021년의 불법 렌터카 사업 사기처럼, 렌탈 구조를 악용한 범죄를 방지하기 위해서는 관련자들을 대상으로 한 지속적인 교육과 안전 시스템 구축이 필수적이다.

이와 같은 예방책과 철저한 관리 체계를 통해 렌탈 산업이 신뢰할 수 있는 서비스로 자리 잡고, 지속 가능한 성장을 이루는 환경이 조성될 수 있도록 사회적 경각심과 산업 전반의 노력이 필요하다.

1-6
리스와 렌탈의 법적 성질 및 근거법규

가. 금융리스의 법적 성질 및 근거법규

금융리스는 「민법」상의 임대차와 구별되는 「상법」상의 「특수한 계약」으로 이해된다. 「상법」 제46조 제19호에서는 이를 "기계·시설 기타 재산의 금융리스에 관한 행위"로, 그리고 제168조의2에서는 "금융리스업자가 선정한 기계·시설 그 밖의 재산을 제3자(공급자)로부터 취득하거나 대여받아 금융리스 이용자에게 이용하게 하는 영업"으로 정의하고 있다. 금융리스는 리스회사, 리스이용자, 공급자로 이루어진 계약 구조를 가지고 있다.

또한, 「여신전문금융업법」 제2조 10호에서는 「시설대여」라는 용어를 사용하여 리스를 정의하고 있다. 즉, 「시설대여」란 「특정 물건을 새로 취득하거나 대여 받아 거래 상대에게 일정 기간 이상 사용하게 하고, 그 사용 기간 동안 일정한 대가를 정기적으로 나누어 지급 받으며, 그 사용 기간이 끝난 후의 물건의 처분에 관하여는 당사자 간의 약정으로 정하는 방식의 금융」이라고 정의[6]하고 있다.

---

[6] 홍정아·최지현, "리스와 렌탈의 구분 관련 쟁점 및 개선방안", 「이슈와 논점」 제931호 (2014)

나. 운용리스의 법적 성질 및 근거법규

운용리스는 금융리스와 달리 「상법」에 구체적으로 운용리스를 명시한 실체규정을 찾을 수 없다. 다만 법해석상 운용리스를 「상법」 제46조 2호의 임대차와 동일하게 간주하고, 「민법」상 임대차 규정 제618조 내지 제653조를 근거로 하여 법적용을 받는 것이라 할 수 있다.[7]

즉, 「민법」상 임대차의 내용 – 「당사자 일방이 상대방에게 목적물을 사용, 수익하게 할 것을 약정하고 상대방이 이에 대해 차임을 지급할 것을 약정함으로써 그 효력이 생긴다」는 규정-을 동일하게 운용리스에도 적용할 수 있다. 다만 민법상 관련 규정은 대부분 임의 규정이므로 운용리스의 경우 계약자유의 원칙에 따르는 경우가 많다.[8]

운용리스는 리스회사와 리스이용자로 구성된 2당사자 계약구조를 취한다. 리스회사와 리스 이용자 사이에 운용리스 계약만이 체결된다. 금융리스보다 단기로 내용연수의 일부로 기간이 정해지고, 언제든 중도해지가 가능하다. 해당 운용리스 물건에 대한 공급의무는 리스사가 부담한다.[9] 또한 리스 물건의 멸실 등의 위험을 리스업자가 부담하고 리스 물건의 유지관리 및 보수, 보험과 세금 등 제반 비용을 리스업자가 부담한다.

이와 같은 구조를 갖는 운용리스가 「여신전문금융업법」 제2조 10호의 「시설대여」의 개념 속에 포함될 것인지[10] 대해서는 법조문이 불명확하다.

---

7 윤민섭, 전게논문. 26면 ; 홍정아·최지현, 전게 "리스와 렌털의 구분 관련 쟁점 및 개선방안", 2면.
8 윤민섭, 상게논문, 29면.
9 윤민섭, 상게논문, 19면.
10 윤민석·반도헌, 전게논문, 368면 ; 조민제, 전게논문 71면.

다. 렌털의 법적 성질 및 근거법규

렌털은 리스와 달리 상법상 그 성질과 근거 법규를 찾아볼 수 없다. 다만 형태를 보면 임대차의 구조를 갖추고 있어 「민법」상 임대차 규정을 적용하게 된다.[11] 즉 렌털을 형식적인 측면에서 접근해 볼 때에는 민법상의 강행규정의 본질에 명백하게 위반되지 않는 한,[12] 민법상의 임대차 계약에 해당한다고 볼 수도 있다.

그러나 렌털 계약의 특성상 그 내용이 민법상 전형적인 임대차 계약의 본질에 부합하지 않는 부분들이 있다. 실제로 렌털 계약을 체결할 때에 계약당사자들은 계약내용이 민법상 임대차의 강행규정에 위반되지 않는다면 민법상의 임의 규정과 다르게 약정할 수 있다.[13] 오히려 렌털 계약은 정형화된 임대차 형태의 계약을 취하지 않고 있으며, 렌털 회사의 자기 소유 물건에 대한 소유권을 유지한 채, 이용자에게 동 목적물의 이용가능 연수보다 짧은 기간 안에 사용하도록 대여해주고 있다.

렌털은 물건의 사용 수익에 대한 대가로 렌털료를 지급받게 된다. 중도 해지가 가능하며, 렌털 기간이 종료될 때 물건을 반환하거나 소유권 이전을 받을 수 있다. 이처럼 렌털은 사용가치보다 교환가치 회수를 중시하며, 투자자본 회수를 담보하기 위해 렌털 회사가 렌털 물건의 소유권을 보유하는 일종의 변형된 형식을 취하는 금융 즉, 물적금융(Equipment Financing)이다.[14] 이는 렌털 회사가 자산의 소유권을 유지하면서도, 이를 통해 안정적인 수익을 창출할 수 있도록 하는 구조적 특징을 갖는다.

---

[11] 소건영, 전게논문, 35면 ; 홍정아 · 최지현, 전게"리스와 렌털의 구분 관련 쟁점 및 개선방안", 2면.
[12] 이와 관련하여 렌털계약의 내용이 민법상의 전형적인 임대차계약의 본질을 크게 벗어나는 경우에는 비록 렌털계약서에 '임대차'라는 용어를 사용하고 있더라도 렌털계약이 임대차계약의 성질을 가지는 것으로 볼 수 없고 오히려 금융리스계약에 해당한다고 한 대법원 판결이 있다(대법원 2007. 11. 15. 2005두4755 판결).
[13] 소건영, 전게논문, 35면 ; 홍정아 · 최지현, 전게"리스와 렌털의 구분 관련 쟁점 및 개선방안", 2면.
[14] 렌털은 새로운 산업분야의 하나로서 자본의 시장가치에 근거한 소유와 사용가능성이 분리되는 특징을 가진다(소건영, 상게논문, 35면).

실질적으로 렌털은 기계나 설비와 같은 자산에 대한 금융인 물적금융의 변형된 형태로서, 민법상의 임대차 조건을 변형한 일종의 특수임대차계약이라고 할 수 있다. 또한 렌털의 법적 성질을 더 구체화하면, 리스계약의 경우와 마찬가지로 임대차적인 측면과 금융 소비대차적 성질을 함께 지닌 복합적인 성질의 계약이다.[15]

이러한 복합적인 성격은 렌털 계약이 단순한 임대차 계약과 구별되는 중요한 요소이며, 이를 통해 렌털이 금융 상품으로서의 기능을 수행하면서도 임대차의 유연성을 유지할 수 있다는 점에서 독특한 위치를 차지하고 있다.

이러한 렌탈 계약의 법적 성질과 구조적 유연성은 소비자의 접근성을 높이는 동시에, 렌탈 회사가 자산 관리와 리스크 통제에서 주도적인 역할을 수행할 수 있게 한다. 특히 렌탈 회사의 소유권 유지는 금융 리스크와 손실을 최소화하는 역할을 하며, 계약 종료 시 자산을 반환받거나 소유권 이전을 통해 투자 자산을 회수할 수 있는 구조적 장치를 마련한다.

이와 같은 특성은 렌탈 산업의 성장과 금융화에 긍정적인 역할을 하고 있으며, 소비자와 기업 모두에게 장기적 가치와 유연성을 제공하는 서비스로 주목받고 있다. 앞으로도 렌탈 서비스는 금융적 장치와 법적 규제가 보다 체계화되고, 자산의 활용도를 높이는 혁신적인 계약 형태로 발전할 것으로 기대된다.

---

15 소건영, 전게논문, 36면.

1-7
렌털서비스 활성화에 따른 예측되는 사회적 문제

 렌털 서비스가 활성화된 미래 사회에서 발생할 수 있는 사회적 문제는 다음과 같다. 이러한 문제들은 렌털 서비스가 대중화되고 그 영향력이 확대되면서 점차 심화될 수 있다. 각 문제는 단순히 개인적인 차원을 넘어서 사회 전반에 걸친 영향을 미칠 수 있으며, 사회적, 경제적, 환경적 측면에서 균형 잡힌 접근이 요구된다.

 ① 소비주의 강화 : 렌털 서비스의 확대로 인해 소비주의 문화가 더욱 강화될 수 있다. 제품을 소유하는 것이 아닌 사용하는 것에 초점을 맞추면서 소비 경향이 더욱 강해질 것으로 예상된다.

 이는 특히 기술의 빠른 발전과 제품의 짧은 라이프사이클과 맞물려, 사람들에게 지속적으로 최신 제품을 경험하려는 욕구를 자극할 수 있다. 이러한 현상은 단기적인 소비 만족도를 높일 수 있으나, 장기적으로는 소비자들이 물질적 가치에 지나치게 의존하게 되는 부작용을 초래할 수 있다.

 ② 자원 소비 증가 : 렌털 서비스가 증가하면서 제품의 재사용이 늘어나지만, 여전히

자원 소모를 유발할 수 있다. 제품의 제조, 고객에게 전달, 일정 기간 사용 후 반납, 그리고 새 제품으로의 교환 과정에서 불필요한 에너지와 자원 소비가 증가할 가능성이 있다. 이와 같은 자원 소비는 환경에 부정적인 영향을 미칠 수 있으며, 렌털 서비스의 이점에도 불구하고, 이러한 문제를 해결하기 위한 친환경적 대책이 필요하다.

③ 재활용 문제 : 렌털 제품이 더 많이 순환하더라도, 이들의 재활용과 폐기 처리에 문제가 발생할 수 있다. 일부 재료는 재활용하기 어렵거나 비용이 많이 들기 때문에, 이로 인한 환경에 부정적 영향을 줄 수 있다. 렌털 제품이 일정 기간 사용된 후에는 신품과 같은 가치를 유지하기 어렵기 때문에, 재사용보다는 폐기되는 경우가 늘어날 수 있으며 이는 결국 자원의 낭비를 초래한다.

④ 고용 변화 : 렌털 서비스의 확장은 일부 산업과 직업에 영향을 미칠 수 있다. 자동화와 로봇화의 진행으로 일부 제조업이나 서비스업 직종에서 고용 변화가 예상되며, 몇몇 선진국에서는 제조업에 투입된 로봇에게 세금을 부과하려는 움직임이 나타나고 있다. 이는 기존의 노동 시장에 큰 변화를 초래할 수 있으며, 전통적인 일자리가 감소하는 대신 새로운 형태의 직업이 생겨날 가능성을 의미한다.

⑤ 소유심 감소 : 렌털이 가지고 있는 이점으로 인하여 개인의 소유 욕구가 감소할 수 있다. 제품을 소유하지 않는다는 것은 개인의 정체성과 연관된 소유에 대한 욕구를 충족시키지 못할 수 있다. 특히, 특정 물건이나 자산을 소유하는 것이 개인의 성취나 사회적 지위를 나타내는 중요한 요소로 여겨지는 사회에서, 이러한 변화는 개인의 정체성에 혼란을 초래할 수 있다.

⑥ 불평등 증가 : 일부 사람들은 경제적 여건이 부족해 렌털 서비스를 이용하지 못할 수 있다. 이러한 서비스의 보급이 공정하게 이루어지지 않을 경우, 사회적 불평등

이 심화될 수 있다.

⑦ 데이터 개인정보 보호 문제 : 렌털 서비스는 개인의 사용 데이터를 수집하고 저장할 수 있다. 이는 개인정보 보호에 대한 우려를 증가시킬 수 있으며, 개인의 프라이버시를 침해할 수 있다.

렌털 회사들이 수집한 데이터는 고객의 소비 습관, 위치 정보, 금융 정보 등 매우 민감한 정보를 포함하기에 이러한 데이터가 유출되거나 오용될 경우 심각한 문제가 발생할 수 있다.

> 📝 **핵심!**
> - 리스와 렌털의 법적 성질 및 근거 법규에 대한 이해 필요.
> - 렌털 활성화 사회에서 발생될 수 있는 사회적 문제점을 인식하고 대비.

단원 핵심문제

1 렌탈의 핵심적 가치를 설명하시오.

2 렌탈 산업은 고객의 니즈와 사회적 변화에 맞춰 성장하고 있다. 이러한 성장 동력의 요인은 무엇인가?

3 금융리스와 운용리스의 차이점은 무엇인가? 법적 성질 중심으로 기술하시오.

4 리스와 렌탈의 차이점을 기술하시오.

5 국내 렌탈 영역의 변화를 세대별로 나누어 분류하시오.

"무언가를 소유하는 대신
필요한 순간에 이용할 수 있다는 것은
현대 소비의 핵심적인 변화이다."

"The ability to access something when needed,
rather than owning it,
represents a core shift in modern consumption."

RENTAL

CHAPTER

2

고객관계관리와 서비스

2-1 고객관계관리(CRM)
2-2 렌털 회사의 CRM 접근법
2-3 고객 서비스 전략 및 고객의 개인정보관리

2-1
고객관계관리
(Customer Relationship Management: CRM)

　기업들은 고객의 니즈가 다양해지고, 라이프스타일과 가치관이 시간의 흐름에 따라 변화하는 가운데, 특히 편리성을 추구하는 경향이 두드러지고 있음을 인식하고 있다. 끊임없이 변화하는 고객의 요구에 대응하기 위해 기업들은 고객과의 관계 유지와 서비스 차별화를 통해 경쟁력을 확보하고자 고객관계관리(CRM)를 도입하고 있다. 고객관계관리(CRM)의 도입은 단순한 고객 유지 차원을 넘어, 고객과의 깊은 유대감을 형성하고 장기적인 관계를 구축하는 데 필수적이다.

　기업에 있어 고객관계관리(CRM)는 영업, 마케팅, 고객 서비스, 고객 지원, 물류 등 모든 부서가 하나의 유기적 시스템으로 통합되어 실행되어야 한다. 각 부서 간의 정보 공유와 협업이 원활하게 이루어져야만 고객에게 일관된 경험을 제공할 수 있으며, 이를 통해 기업의 이미지와 신뢰성을 높일 수 있다.

　이는 경쟁 시대에서 우위를 점할 수 있는 전략이자, 기업의 궁극적인 목표인 수익성과 밀접한 관련이 있다. 또한 CRM을 통해 기업은 고객의 행동 데이터를 분석하고, 이를 기반으로 더욱 정교한 전략을 수립함으로써 시장에서의 경쟁력을 강화할 수 있다.

고객관계관리(CRM)는 회사의 현재 고객 및 잠재 고객과 관련된 정보를 관리, 추적, 저장하도록 지원하는 일련의 데이터 기반 소프트웨어가 통합된 솔루션이라 말한다.
 이 시스템은 고객과의 상호작용을 더욱 체계적으로 관리하고, 고객의 니즈를 실시간으로 파악하여 맞춤형 서비스를 제공하는 데 중추적인 역할을 한다. 특히, 이러한 데이터 중심의 접근 방식은 고객의 경험을 개인화할 수 있는 기회를 제공하며, 이는 고객 만족도와 충성도를 높이는 데 결정적인 요소로 작용한다.

 현대사회에서의 고객은 시간과 장소에 구애받지 않고 스마트기기를 이용하여 모든 상품을 한눈에 파악하고 선택하여 구매할 수 있게 되었다. 이러한 변화는 고객이 더 이상 수동적인 소비자가 아니라, 능동적으로 정보를 탐색하고 자신의 구매 결정을 내리는 주체로 변모했음을 의미한다. 기업은 이러한 외부적 환경에 대응하기 위해 다양한 채널을 활용하여 고객을 유지하기 위한 다방면의 노력을 기울이고 있다.

 이러한 현상을 방증하듯 기업은 소셜미디어를 활용하여 인플루언서 마케팅, 콘텐츠 마케팅, 이메일 마케팅, 바이럴마케팅, PPC(Pay-Per-Click) 등 다양한 디지털 마케팅 전략을 구사하고 있다. 디지털 플랫폼은 고객과의 실시간 소통을 가능하게 하며, 이를 통해 기업은 고객의 반응을 신속하게 파악하고 적절한 대응을 할 수 있게 되었다.

 고객 관리 역시, 과거 양적·질적 한계가 있었던 것과 달리, 2000년대 이후 더욱 정확한 고객 정보를 얻을 수 있게 되었다. 이를 통해 기업은 효율적이고 개인화된 마케팅을 제공할 수 있게 되었다.

시대적 변화에 따라 대응 방식도 변화하였는데, 과거의 일률적이고 단순한 영업 중심의 관계 유지에서 벗어나, 이제는 능동적이고 전사적으로 관리하는 방향으로 발전하고 있다. CRM은 고객과의 관계를 효율적으로 구축하여 고객의 니즈를 충족시키고, 여러 매체를 통해 영업자, 공급자, 고객을 연결하는 역할을 한다.

<표-6> 고객관리의 변화과정

	판매 (1970년대)	CS (1980년대)	DB Marketing (1990년대)	CRM (1990년대 후반)
고객	수동적 구매자	선택적 구매자	개성화, 다양화된 구매자	능동적 파트너
고객관계	일방적 공급 (배급)	고객만족도 측정 일방적 관계 (판매)	그룹화된 고객 일방적 관계 (구매에이전트)	개별고객 쌍방향 의사소통 (공동창조파트너)
고객관리	단순영업 위주	영업 판매위주 서비스	IT활용관리	전사적 관리

주 : CS - Customer Satisfaction, DB - Database Marketing
자료 : 이상민 외, 「인터넷 시대의 고객관계관리(CRM)」, CEO information 제262호, 삼성경제연구소, 2000.9.

 핵심!

CRM의 목적
- 막연한 개념이 아닌 실제 도달 가능한 구체적 목표를 제시하는 현실성.
- 임기응변식 적용이 아닌 기술의 계획적인 활용을 추구하는 체계화.
- 개별 부서 차원의 구축과 활용이 아닌 전사적 관점에서의 CRM 구현.

2-2
렌털 회사의 CRM 접근법

최근 들어 많은 기업들이 내부 환경에 적합한 자체 CRM 구축을 하기 위해 막대한 리소스를 투입하고 있다. 이는 마케팅 자동화, 고객서비스 강화, 영업 자동화 강화 등을 목표로 하며, 고객과의 접점 채널을 통합하려는 의지는 마케팅과 영업 프로세스의 연결을 강화하는 데 있다.

렌털 업계는 현재까지 고객과의 깊은 관계를 유지해 온 대표적인 업종 중 하나이며, 특히 영업사원들이 장소를 가리지 않고 고객을 방문하여 판매 활동을 진행해 왔다. 이러한 영업 방식은 고객과의 신뢰 관계를 형성하는 데 큰 기여를 했으며, 고객의 만족도와 충성도를 높이는 데 중요한 역할을 했다.

그러나 최근의 변화는 단순한 대면 접촉 이상의 고객 관리가 필요함을 보여주고 있다. 이에 따라, 렌털 업계 역시 CRM 시스템을 활용하여 고객과의 관계를 더욱 체계적이고 효율적으로 관리하려는 노력을 강화하고 있다.

과거와는 다르게 기업의 중심에서 고객 중심으로 환경이 변화되고 있으며, 이에 따라 적극적으로 고객밀착형 마케팅이 필요한 상황이다. 고객 중심의 비즈니스 모델의 변화는 기업의 생존과 직결된 문제이며, 고객정보를 효율적으로 수집하는 방안에 대해 고민해야 할 시점이다. 이러한 변화는 기업들이 더욱 전략적인 접근을 통해 고객 가치를 극대화하고, 경쟁 우위를 확보할 수 있는 기회를 제공한다.

고객 정보의 수집 경로는 크게 세 가지로 나눌 수 있다.

첫 번째 경로는 영업 현장에서의 수집이다. 이는 고객의 요청과 필요에 의해 이루어지며, 직접적인 접촉을 통해 수집된 정보로서 정확성과 신뢰성이 높아 향후 영업 및 마케팅에 자유롭게 활용될 수 있다. 또한 고객의 잠재적인 니즈까지 파악할 수 있는 강점을 지닌다.

두 번째는 회사에서 의도적으로 수집한 정보이다. 이는 불특정 다수의 고객을 대상으로 하며, 대부분 광고와 만족도 조사를 통해 취득된다. 이러한 방식은 대규모 데이터를 수집하는 데 유리하며, 이를 통해 고객의 전반적인 경향성을 분석할 수 있다.

세 번째는 타업종과의 연계를 통한 수집이다. 이는 마케팅 활용 동의에 따른 수집으로, 카드사나 각종 인터넷 사이트 등 이미 고객을 확보한 회사와의 제휴를 통해 양질의 고객 정보를 확보할 수 있다. 이러한 방식은 고객 정보의 다양성을 높이는 데 기여하며, 기업이 새로운 시장을 개척하거나 기존 고객층을 확대하는 데 중요한 역할을 할 수 있다. 또한, 타업종과의 협력은 기업 간의 시너지를 창출하여 더욱 효과적인 마케팅 전략을 구사할 수 있게 해준다.

이와 같이 체계적으로 수집된 고객 정보는 단순히 데이터 이상의 가치를 지니며, 기업의 중요한 자산으로 자리 잡게 된다. 이러한 정보는 개별 고객의 특성에 맞춘 맞춤형 서비스 제공에 적극 활용될 수 있으며, 이를 통해 고객의 요구를 보다 정교하게 반영하는 마케팅 전략 수립이 가능하다. 맞춤형 서비스는 고객의 기대를 뛰어넘는 경험을 제공해 고객 충성도를 더욱 강화하고, 고객이 지속적으로 기업과 관계를 유지하게 만드는 강력한 동인이 된다.

즉, 고객 정보는 고객 관계 관리의 기반이자, 기업의 전략적 자산으로 작용하여 기업의 성장과 경쟁력 강화를 위한 필수적인 역할을 한다. 효과적인 CRM 시스템 구축과 활용을 통해 기업은 고객과의 장기적인 관계를 형성하며, 이를 바탕으로 기업의 성과를 극대화할 수 있는 발판을 마련하게 된다.

> **핵심!**
> - 과거와는 달리 기업에서 고객중심으로 환경이 변화되어 적극적 고객밀착형 마케팅이 필요.
> - 고객 정보 수집은 엄격하고 투명하게 진행되어야 하며, 수집 방법에는 영업 현장, 회사 자체적 수집, 타업종과의 연계가 포함됨.

2-3
고객 서비스 전략 및 고객의 개인정보관리

가. 고객 서비스의 정의

현대사회에서 고객 서비스의 중요성은 점점 더 커지고 있다. 이는 소비자 니즈의 다양성, 기술의 진보, 규제 완화, 제품의 복잡화 등 여러 요인이 복합적으로 작용한 결과이다. 고객 서비스는 고객과 기업 간의 상호작용을 통해 고객의 문제를 해결하는 일련의 활동으로 정의할 수 있다. 즉, 고객이 제품이나 서비스를 구매한 후 이용하기 전후에 기업이 제공하는 지원을 의미하며, 현재 기업들은 이메일, 문자메시지, 소셜미디어, 전화 등 다양한 채널을 통해 이러한 지원을 제공하고 있다. 이와 같은 다채로운 채널의 활용은 고객들이 필요할 때 즉각적으로 도움을 받을 수 있게 하여 고객 만족도를 높이는 데 기여한다.

고객 서비스는 '고객을 위해 노력하고 만족을 추구하는 일련의 모든 과정'으로 정의할 수 있다. 단순히 문제 해결에 그치지 않고, 고객이 기업과의 모든 접점에서 긍정적인 경험을 할 수 있도록 하는 것을 목표로 한다. 예를 들어, 상품 진열, 환대, 판매 과정, 인테리어, 청결 등 모든 서비스 요소가 이에 결부될 수 있다. 만약 고객이 불만족스러운 서비스를 받게 된다면, 그들은 경쟁사로 이동할 가능성이 크므로, 기업은 고객 만족을 위해 맞춤형 서비스 전략을 수립해야 한다. 이처럼 고객 서비스는 단순한 운영 요소가 아닌, 기업의 경쟁력을 좌우하는 중요한 전략적 자산으로 볼 수 있다.

나. 고객 만족을 위한 맞춤형 서비스 전략

1) 고객의 요구사항 파악

서비스 전략 수립의 첫 번째 단계는 고객의 요구사항을 파악하는 것이다. 기업은 다양한 고객 접점을 통해 데이터를 수집하고, 이를 분석하여 고객의 니즈를 정확히 이해하는 노력이 필요하다. 기업이 고객의 요구사항을 제대로 파악하지 못하면 고객 만족도를 높일 수 없다. 니즈를 파악하고 이를 만족시키는 서비스를 제공하는 것이 기업이 고객과의 관계를 형성하는 기초 단계이다.

2) 서비스 제공

고객의 요구사항이 파악되면, 그에 맞춰 맞춤형 서비스를 제공하여야 한다. 각 고객의 서로 다른 요구에 맞춰 각각 맞춤형 서비스를 제공하는 것이 중요하다.

3) 서비스 품질 유지

기업은 제공된 맞춤형 서비스를 유지하고 지속할 수 있도록 개선하여야 한다. 정기적인 고객 피드백을 수집하고, 이를 바탕으로 서비스 품질을 지속적으로 향상시킬 필요가 있다. 고객이 요구사항에 만족하더라도, 서비스가 불안정하거나 불만족스러운 경험을 할 경우, 고객은 해당 기업의 제품과 서비스를 이용하지 않을 가능성이 높다. 따라서, 서비스의 일관성을 유지하며, 끊임없이 개선하려는 노력이 중요하다. 특히, 디지털 기술을 활용한 자동화 시스템을 도입하여 서비스의 정확성과 신속성을 높이는 것도 좋은 방법이다.

맞춤형 서비스 전략을 수립하여 고객 만족을 높이는 것은 모든 기업의 경영에 있어 매우 중요하다. 기업은 고객 서비스를 통해 고객과 관계를 형성하고 고객 유치 및 유지를 해야 할 것이다. 이러한 과정은 고객 만족도를 높일 뿐만 아니라 기업의 매출 증가에도 기여할 수 있다. 즉, 기업이 고객 만족을 위해 기울이는 노력은 단순한 비용이 아니라, 미래 수익률을 높이기 위한 중요한 투자라 할 수 있다.

<그림-4 고객만족 경영이 기업 성장에 영향을 미치는 구조>

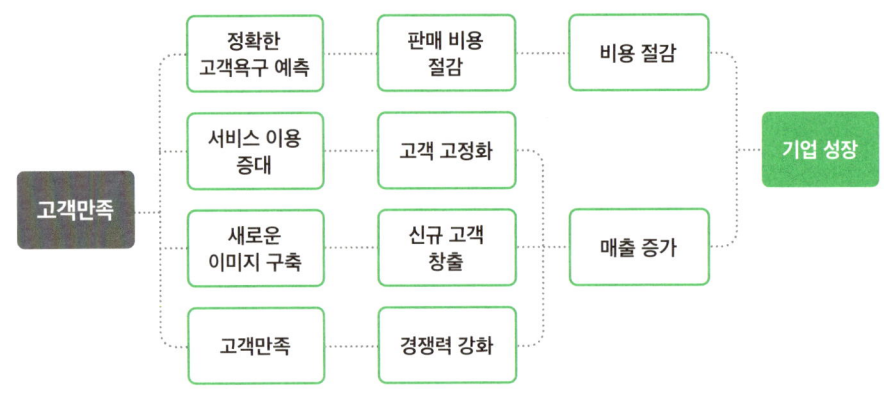

자료 : 매일벤처스

다. 효과적인 고객 서비스 제공 방법

　기업이 고객 만족을 높이기 위해서 선행되어야 할 것은 고객의 요구와 선호도 파악이며, 그에 해당하는 서비스를 제공해야 할 것이다. 고객의 요구와 선호도 파악을 위해 데이터 분석은 필수적이며 데이터를 수집·분석하여 만족과 불만족한 사항을 파악할 수 있다.

　기업은 고객 서비스에 대한 행동 데이터를 수집·분석하여 고객의 선호도를 이해하고, 수집된 데이터를 정보화하여 사례를 분석하는 과정이 필요하다. 데이터 분석 결과는 기업의 서비스 제공 방식과 전략에 중요한 인사이트를 제공하며, 이를 통해 기업은 고객의 기대에 부응하는 서비스를 지속적으로 개발할 수 있다.

이를 위해 기업은 다음과 같은 조치를 취해야 한다:

1) 고객의 서비스 경험 분석과 상황별 대응 메뉴얼 작성

각 상황에 맞는 대응 메뉴얼을 작성함으로써, 직원들이 고객의 다양한 요구와 상황에 신속하고 적절하게 대응할 수 있도록 한다. 이러한 메뉴얼은 지속적으로 업데이트되어야 하며, 실제 상황에서의 피드백을 반영하여 현실성 있는 가이드라인으로 유지되는 것이 중요하다.

2) 전사적 서비스 교육 프로그램 운영

전사적으로 서비스 교육 프로그램을 운영함으로써, 모든 직원이 동일한 서비스 기준과 철학을 공유할 수 있게 한다. 이러한 교육은 단순한 매뉴얼 숙지에 그치지 않고, 고객 중심의 사고방식을 체화시키는 데 초점을 맞춰야 한다. 정기적인 교육과 워크숍을 통해 직원들은 변화하는 고객의 요구에 적응할 수 있는 능력을 배양하고, 이를 통해 서비스 품질을 지속적으로 향상시킬 수 있다.

3) 고객의 요구사항을 파악하고 해결책 제공

고객의 요구사항을 파악하고 그에 맞는 해결책을 신속하게 제공하는 것은 고객 만족의 핵심 요소이다. 이를 위해 기업은 고객과의 소통 채널을 다각화하고, 고객의 요구를 실시간으로 파악할 수 있는 시스템을 구축해야 한다. 또한, 고객의 문제를 해결하는 과정에서 단순히 문제를 해결하는 것에 그치지 않고, 고객이 긍정적인 경험을 할 수 있도록 하는 것이 중요하다. 이로 인해 고객은 기업에 대한 신뢰감을 갖게 되며, 이는 장기적인 고객 유치와 유지로 이어질 수 있다.

4) 고객 유지를 위한 지속적인 모니터링과 평가 시행

고객 유지를 위해서는 지속적인 모니터링과 평가가 필수적이다. 이를 통해 기업은 고객의 만족도를 정기적으로 점검하고, 필요한 경우 신속히 조치를 취할 수 있다. 즉, 모니터링 결과는 향후 서비스 개선의 중요한 기초 자료로 활용된다.

5) 고객이 피드백을 줄 수 있는 기회 제공

기업은 고객이 쉽게 의견을 전달할 수 있는 다양한 채널을 제공하고, 이 피드백을 적극적으로 반영하는 노력을 기울여야 한다. 고객의 의견은 기업의 서비스 개선에 있어 중요한 자산이며, 이를 통해 기업은 고객의 기대를 충족시키는 동시에 고객과의 관계를 더욱 공고히 할 수 있다.

라. 고객의 개인정보 관리

고객의 개인정보는 헌법상 인정되는 다양한 기본권과 밀접하게 관련된 정보로, 악용될 경우 개인의 인권과 자산에 심각한 손상을 초래할 수 있다. 따라서 모든 개인정보는 신중하고 엄격하게 취급되어야 한다. 개인정보의 보호는 단순히 법적 의무를 넘어, 기업과 기관이 사회적 책임을 다하는 중요한 측면으로 자리 잡고 있다.

「개인정보 보호법」에서 정의하는 개인정보란 ① 성명, 주민등록번호, 영상 등을 통해 개인을 식별할 수 있는 정보, ② 해당 정보만으로는 특정 개인을 식별할 수 없지만, 다른 정보와 쉽게 결합하여 식별할 수 있는 정보를 말한다.

특히, 현대사회에서 개인정보는 부가가치를 창출할 수 있는 자산적 가치가 높기 때문에 누군가에 의해 악의적인 목적으로 이용되거나 유출될 경우 개인 사생활에 큰 피해를 줄 뿐만 아니라 개인 안전과 재산에 피해를 줄 수 있다.

개인정보는 개인의 성명, 주민등록번호 등 인적 사항뿐만 아니라, 사회·경제적 지위와 상태, 교육, 건강·의료, 재산, 문화 활동, 정치적 성향 등 내면의 비밀에 이르기까지 매우 다양하고 폭넓은 범위를 포함한다. 특히 민감한 정보의 경우 별도의 보호 조치를 통해 관리되어야 한다.

또한, 사업자가 제공하는 서비스에 이용자(고객)가 직접 회원으로 가입하거나 등록할 때 제공하는 정보뿐만 아니라, 이용자가 서비스를 이용하는 과정에서 생성되는 통화 내역, 로그 기록, 구매 내역 등도 개인정보로 간주될 수 있다.

이와 같은 정보는 일상적인 서비스 이용 과정에서 자연스럽게 생성되지만, 이를 통해 고객의 생활 패턴, 소비 성향 등을 파악할 수 있어 마케팅 및 서비스 개선에 중요한 데이터를 제공한다. 그러나 이와 동시에, 이러한 정보들이 누출되거나 부적절하게 사용될 경우, 개인의 프라이버시 침해로 이어질 수 있어 주의가 필요하다.

<표-7 개인정보 영역>

구분		내용
인적사항	일반정보	성명, 주민등록번호, 주소, 연락처, 생년월일, 출생지, 성별 등
	가족정보	가족관계 및 가족구성원 정보 등
신체적 정보	신체정보	얼굴, 홍채, 음성, 유전자 정보, 지문, 키, 몸무게 등
	의료·건강정보	건강상태, 진료기록, 신체장애, 장애등급, 병력, 혈액형, IQ, 신체검사 정보 등
정신적 정보	기호·성향 정보	도서·비디오 등 대여 기록, 잡지 구독 정보, 물품 구매 내역, 웹사이트 검색 내역 등
	내면의 비밀정보	사상, 신조, 종교, 가치관, 정당·노조 가입 여부 및 활동 내역 등
재산적 정보	소득정보	봉급액, 보너스 및 수수료, 이자소득, 사업소득 등
	신용정보	대출 및 담보설정 내역, 신용카드 번호, 통장계좌 번호, 신용평가 정보 등
	부/동산 정보	소유주택, 토지, 자동차, 기타 소유차량, 상점 및 건물 등
	기타 수익 정보	보험(건강, 생명 등), 가입 현황, 휴가, 병가 등
기타정보	통신정보	E-mail 주소, 전화통화 내역, 로그 파일, 쿠키 등
	위치정보	GPS 및 휴대폰에 의한 개인 위치 정보
	습관 및 취미 정보	흡연 여부, 음주량, 선호하는 스포츠 및 오락, 여가활동 등

자료 : 개인정보포털

마. 효율적인 고객정보관리 방안

고객정보관리는 기업이 고객 데이터를 관리하기 위해 사용하는 전반적인 전략, 도구, 프로세스, 제품을 개선할 목적으로 고객 정보 데이터베이스를 윤리적으로 수집하고, 안전하게 관리하는 것을 말한다. 이러한 관리는 고객의 개인 정보를 보호하는 것뿐만 아니라, 데이터를 효과적으로 활용하여 비즈니스 성과를 극대화하는 데 필수적이다. 효과적인 고객 데이터 관리는 고객 신뢰, 고객만족도, 고객 관계 강화, 맞춤형 경험의 질적 개선을 통한 경쟁 우위 등 다양한 이점을 제공하며, 이를 통해 기업은 고객의 기대에 부응하고, 장기적인 고객 유치와 유지에 기여할 수 있다.

엄격한 보안 관리는 고객 데이터 관리를 효과적이고 효율적으로 이루기 위한 필수 요소로, 이러한 보안 관리는 데이터 유출이나 해킹으로부터 고객 정보를 보호하고 기업의 신뢰를 지키는 데 핵심적인 역할을 한다. 또한, 윤리적인 정보 수집과 투명한 정보 수집 정책을 공개함으로써 고객의 신뢰를 구축할 수 있으며 사고를 미연에 방지할 수 있다. 이러한 투명성은 고객이 자신들의 정보가 안전하게 처리되고 있음을 확신하게 하여, 기업과의 신뢰 관계를 더욱 강화한다.

필요한 정보 선별은 매우 중요하다. 기업 내 고객 데이터가 많아지면 제대로 활용되지 않는 경우가 종종 발생한다. 실제로 관리되는 데이터 60~70%는 분석에 사용되지 않고 있다. 어떤 정보를 수집하고 활용할지에 대한 전략적 사고가 필요하며, 고객정보를 수집할 때는 명확한 목적이 있어야 한다. 체계적이고 투명한 정보 수집은 불필요한 데이터 수집을 줄이고, 프로세스를 간소화하며, 간접비용을 절감하여 전반적인 재정 상태를 개선하는 데 도움이 된다. 이로 인해 기업은 더욱 효율적인 경영을 할 수 있으며, 고객에게도 높은 수준의 서비스를 제공할 수 있다.

바. 고객정보관리의 중요성

기업은 제각각 다른 관리 툴을 이용하여 고객정보를 축적하며 관리하고 있다. 이러한 툴들은 기업의 특성이나 필요에 따라 다양하게 선택되며, 그 결과 축적된 고객 정보는 기업의 중요한 자산으로 간주된다. 따라서 어떤 용도로든 쉽게 활용할 수 있도록 잘 정리되고 안전하게 유지·관리 하는 것이 중요하다. 특히, 고객정보는 마케팅 전략 수립, 고객 맞춤형 서비스 제공, 고객 관계 강화 등 다양한 분야에서 활용될 수 있기 때문에, 이를 효과적으로 관리하는 것이 기업의 경쟁력을 좌우할 수 있다. 또한,

잘 관리된 고객정보는 기업이 신속하고 정확한 의사 결정을 내릴 수 있도록 지원하며, 이를 통해 시장 변화에 유연하게 대응할 수 있는 능력을 배양하게 된다.

이렇듯 고객정보관리는 단순한 데이터 관리를 넘어, 기업의 전략적 자산으로서의 가치를 극대화한다. 기업은 고객 정보를 효율적으로 관리함으로써 지속 가능한 성장을 이루고, 시장에서의 경쟁 우위를 확보할 수 있다.

사. 개인정보 유출 및 노출의 정의

개인정보 유출은 정보 주체의 개인정보가 개인정보처리자의 통제를 상실하거나, 관리범위를 벗어나 외부에 공개, 제공, 누출 또는 누설되는 모든 상태를 의미한다. 개인정보가 저장된 데이터베이스 등 개인정보처리시스템에 정상적인 권한이 없는 자가 접근한 경우, 개인정보처리자의 고의 또는 과실로 인해 개인정보가 포함된 파일, 문서, 저장매체 등이 잘못 전달된 경우, 또는 개인정보가 포함된 서면, 이동식 저장장치, 노트북 등을 분실하거나 도난을 당한 경우가 이에 해당 된다.

개인정보 노출은 홈페이지 상에서 개인정보를 누구든지 알아볼 수 있어 개인정보 유출로 이어질 수 있는 상태를 말한다. 노출된 개인정보는 유출과 마찬가지로 악의적인 목적으로 사용될 가능성이 높기 때문에, 사전에 이러한 노출을 방지하는 것이 중요하다. 개인정보가 포함된 게시물이 누구든지 알아볼 수 있는 상태로 등록된 경우, 이용자 문의 댓글에 개인정보가 공개되어 노출된 경우, 개인정보가 포함된 첨부파일을 홈페이지 상에 게시된 경우가 포함된다. 이와 같은 노출은 종종 발생할 수 있으므로, 기업은 웹사이트 운영 시 개인정보 보호를 위한 엄격한 검토 절차를 마련해야 한다.

이렇듯 개인정보 유·노출은 개인뿐만 아니라 기업과 국가에도 심각한 피해를 줄 수 있으며, 각종 범죄에 악용될 위험이 있음을 유념해야 한다.

<표-8 개인정보 유·노출에 따른 피해>

구분	내용
개인	정신적 피해, 명의도용, 보이스피싱에 의한 금전적 손해, 유괴 등 각종 범죄 노출
기업	기업 이미지 실추, 소비자단체 등 불매운동, 다수 피해자에 대한 집단적 손해 배상 시 기업 경영 타격
국가	프라이버시 라운드의 대두에 따른 IT산업의 수출 애로, 전자정보의 신뢰성 하락, 국가 브랜드 하락

자료 : 한국인터넷진흥원 자료, 매일벤처스 재구성

개인정보 유출 사고 사례[16]를 보면 ICT 발전과 인터넷 확산에 의한 해킹(외부공격)이 58%로 과반 이상을 차지하는 것으로 조사되었고, 업무 과실에 의한 유출은 32%로 담당자 실수로 인한 이메일 오발송과 접근통제 미흡으로 구글 엔진 노출, 관리자 부주의(홈페이지 설계 오류, 첨부파일 등)로 인해 발생된다.

고의적인 유출의 경우 다소 적은 6%에 불과하지만, 그 목적성이 뚜렷한 활동으로 중대 범죄에 해당하며, 이에 대한 경각심과 책임성 강화가 요구된다. 예를 들어, 퇴사 시 USB에 개인정보를 다운로드하거나, 흥신소를 통한 개인정보 파일 구매, 업무 담당자가 지인에게 무단으로 제공하는 등의 사례가 있다.

우리는 종종 미디어를 통해 고객 정보 유출 사고를 접하게 된다. 이러한 사건들은 개인정보 보호의 중요성을 일깨워주며, 기업이 보안 관리를 소홀히 했을 때 발생할

---

16 한국인터넷진흥원, 개인정보 유·노출 사고 사례 및 대응방안.

수 있는 심각한 결과를 보여준다. 고객의 개인정보는 고객의 자산이므로, 이를 관리하는 데 있어 더욱 신중하고 철저하게 접근해야 한다.

고객의 개인정보를 지속적이고 섬세하게 관리하면, 이를 통해 우리 제품과 서비스에 대한 고객의 생각을 분석할 수 있게 된다. 그 분석 자료를 활용하여 마케팅을 기획하면, 효과적인 고객 접근과 설득력 있는 제안이 가능해진다. 잘 관리된 고객정보를 통해 개별 안건에서 빠르고 정확한 판매 예측을 내릴 수 있으며, 경영 판단을 가속화할 수 있다.

이를 통해 기업은 변화하는 시장 환경에 신속하게 대응할 수 있으며, 경쟁사보다 한 발 앞선 전략을 구사할 수 있다. 또한 안건 정보 및 구매 이력을 분석하면, 앞으로의 생산 계획 및 상품 개발, 인사 계획 등 경영 전략 전반에 큰 도움이 된다. 이렇듯 고객 정보는 기업의 가장 중요한 자산 중 하나이며, 이를 어떻게 관리하고 보호하느냐에 따라 기업의 미래가 결정될 수 있음을 명심해야 한다.

핵심!

- 고객서비스는 고객과 기업의 상호작용을 통해 문제를 해결해 주는 일련의 활동으로 정의되며, 현재 기업들은 다양한 채널을 통해 지원을 제공.
- 서비스 만족도 조사는 고객이 만족하는 서비스 요소와 불만족스러운 요인 및 요소를 파악하기 위해 실시.
- 개인정보는 다양한 기본권과 밀접한 관련이 있는 정보, 악용될 경우 개인과 국가, 기업의 인권과 자산 및 신뢰성을 손상시킬 우려가 있다.
- 개인정보 유·노출 사례는 인터넷 확산에 의한 해킹, 담당자의 실수, 고의적 유출로 분류할 수 있음.

단원 핵심문제

1 고객이 렌털서비스를 이용하는 4가지 이유를 기술하시오.

2 고객관리의 변화 과정 중 고객 관계의 내용을 시대별로 나열하시오.

3 고객 서비스 만족도 조사에 있어 고객의 불만족스러움을 파악하는 내용을 기술하시오.

4 개인정보 중 인적사항에 해당하는 내용을 기술하시오.

5 올바른 고객 개인정보 관리에 해당하는 내용을 기술하시오.

RENTAL

CHAPTER

3

마케팅

3-1 마케팅(Marketing)의 의미
3-2 STP 전략
3-3 마케팅 믹스(Marketing Mix)
3-4 제품 수명 주기(Product Life Cycle, PLC)
3-5 기업 사례

3-1
마케팅(Marketing)의 의미

마케팅은 기업이 상품이나 서비스를 성공적으로 홍보하고 판매하기 위한 전략적 활동으로, 고객을 창출하고 유지하며 관리하는 과정을 의미한다. 기업은 고객의 요구를 충족시키고, 시장에서의 경쟁 우위를 확보할 수 있다. 이러한 기업 활동의 목적은 고객 확보, 시장 점유율 확대, 브랜드 인지도 향상, 그리고 수익 증대 등이 있다. 따라서 마케팅 전략은 단순히 제품을 판매하는 것을 넘어, 장기적인 고객 관계를 구축하고, 브랜드 가치를 높이는 데 중요한 역할을 한다.

마케팅 활동은 다양한 전략과 도구를 통해 실행된다. 예를 들어, 시장 조사와 고객 데이터 분석을 통해 고객의 선호와 구매 행동을 이해하고, 이를 바탕으로 효과적인 타겟팅 전략을 수립할 수 있다. 또한, 브랜드 메시지를 강화하는 광고, 홍보, 소셜 미디어 캠페인 등을 통해 고객과의 소통을 활성화하고 브랜드 인지도를 높일 수 있다.

이러한 일련의 마케팅 전략은 고객의 만족도를 높이고 충성도를 유도하여, 궁극적으로 기업의 지속적인 성장을 지원하는 핵심적인 요소로 작용한다. 마케팅 전략에 관해 더 자세하게 알아보도록 하겠다.

3-2
STP 전략

STP 전략이란, 진입하는 시장을 세분화하고(Segmentation), 그 세분화된 시장에서 표적시장을 선정(Targeting)하여, 선정된 표적시장에서 어떤 위상을 확보할 것인지에 대한 방안을 수립하는(Positioning) 전략을 의미한다. 이 전략은 마케팅의 핵심적인 요소로, 기업이 자원을 효율적으로 활용하여 최대의 성과를 얻기 위해 필요한 단계이다.

<그림-5> 세분화 전략 3단계

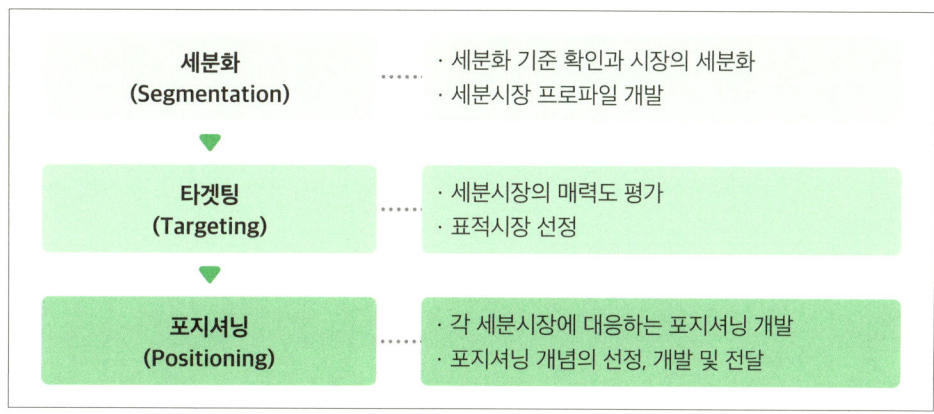

STP 전략은 시장에 진입하기 전에 시장을 분석하는 첫 단계로, 세분화(Segmentation)를 통해 시장을 조사하고 분석한다. 이 단계에서는 고객의 다양한 특성과 요구를 파악하여, 시장을 보다 구체적이고 세밀하게 나누는 작업이 이루어진다. 이를 통해 세분시장의 매력도를 평가하여 표적시장(Targeting)을 선정하게 된다. 표적시장의 선정은 기업의 자원과 역량을 집중할 수 있는 가장 유리한 시장을 선택하는 과정으로, 마케팅 전략의 성공 여부를 결정짓는 중요한 단계이다.

이후, 각 세분시장에 대응하는 포지셔닝(Positioning) 전략을 개발하고, 그 위치를 결정하게 된다. 포지셔닝은 기업이 선택한 시장에서 독특한 위치를 점유하고, 고객의 마음속에 강력한 이미지를 구축하는 과정이다. 이는 경쟁사와의 차별성을 강조하여, 고객에게 기업의 강점을 효과적으로 전달할 수 있도록 한다.

가. 시장 세분화 기준변수

시장 세분화는 다양한 기준 변수를 통해 이루어지며, 이를 통해 기업은 보다 세밀하게 목표 시장을 정의할 수 있다.

1) 인구통계학적 구분

연령, 성별, 수입, 가족 구성원 수, 교육과정, 취업, 인종 등 고객의 기본적인 인구통계적 특성을 바탕으로 시장을 나누는 방법으로, 가장 널리 사용되는 세분화 기준 중 하나이다. 인구통계학적 변수는 고객의 구매 행동과 밀접한 관련이 있으며, 이를 통해 특정 연령대나 성별을 타깃으로 하는 마케팅 전략을 수립할 수 있다.

2) 지리적 변수

지역, 도시, 지방, 인구밀도, 도시규모, 기후 등 고객이 거주하는 지역적 특성을 기반으로 시장을 세분화하는 방법이다. 이러한 변수는 기업이 지역 특성에 맞춘 제품을 개발하거나, 지역별 마케팅 활동을 강화하는 데 중요한 기준이 된다.

3) 심리분석적 변수

개성, 동기, 성격, 생활환경, 라이프스타일 등 고객의 심리적 특성을 바탕으로 시장을 세분화하는 방법으로, 고객의 내면적 동기와 가치관을 고려하여 더 깊이 있는 분석이 가능하다. 이러한 변수는 고객의 행동을 예측하고, 그에 맞는 제품이나 서비스를 제공하는 데 도움을 준다.

4) 행위적 변수

사용여부, 사용률, 사용빈도, 태도, 상표충성도 등 고객의 실제 행동 패턴을 바탕으로 시장을 세분화하는 방법으로, 고객이 제품이나 서비스를 어떻게 사용하고, 어떤 태도를 보이는지를 분석하는 데 중점을 둔다. 이러한 전략은 고객의 니즈를 충족시키고, 기업의 수익성을 향상시키는 데 중요한 역할을 한다.

이와 같은 시장 세분화는 기업이 각 세분시장의 특성에 맞는 마케팅 전략을 개발하고, 자원을 효과적으로 분배하는 데 기여한다. 결과적으로, STP 전략을 통해 기업은 경쟁사와 차별화된 위치를 확보하고, 목표 고객에게 보다 효과적으로 다가갈 수 있게 된다.

나. 시장 세분화 효과

시장 세분화는 기업이 다양한 소비자 집단의 특성을 고려하여 보다 정교한 마케팅 전략을 수립할 수 있도록 도와준다. 이를 통해 기업은 보다 정확한 목표 설정이 가능해지며, 마케팅 활동의 효율성을 극대화할 수 있다.

1) 마케팅 기회의 발굴

시장 세분화를 통해 기업은 차별화된 시장 지위를 확보하고, 새로운 성장 동력을 마련할 수 있다. 이를 통해 특정 소비자층의 독특한 요구를 충족시키는 다양한 제품과 서비스를 개발하고 마케팅하는데 중요한 기회를 제공한다.

2) 브랜드 충성도(로열티) 증가

세분화된 시장에 맞춘 맞춤형 마케팅은 고객에게 개인화된 경험을 제공하여 브랜드 충성도를 높이는 데 기여한다. 이는 장기적으로 고객이 해당 브랜드를 반복 구매하게 하며, 브랜드 로열티를 강화시키는 효과를 가져온다.

3) 경쟁으로부터 브랜드 차별화

경쟁이 치열한 시장에서 세분화 전략은 기업이 자신만의 독특한 위치를 확보할 수 있도록 도와준다. 세분화된 시장에서 특화된 제품과 서비스를 제공함으로써, 경쟁사와의 차별화가 이루어지고, 이는 소비자들에게 강력한 인상을 남길 수 있다. 결과적으로, 차별화된 브랜드 이미지는 소비자들이 기업의 제품을 선택하도록 유도하는 중요한 요인이 된다.

4) 성장촉진, 수익증대

고객의 니즈를 정확하게 반영한 제품과 서비스를 제공함으로써, 고객 만족도가 향상되고 이는 자연스럽게 수익 증대로 이어진다. 이러한 성장과 수익 증대는 기업의 장기적인 경쟁력 확보에 중요한 역할을 한다.

5) 적합한 마케팅 프로그램의 개발

각 시장 세분화에 맞춘 마케팅 프로그램을 개발함으로써, 기업은 보다 효과적으로 고객에게 접근할 수 있다. 이러한 프로그램은 고객의 특성과 요구에 맞춰진 전략으로, 고객의 마음을 사로잡고 구매를 유도하는 데 중요한 역할을 한다. 이를 통해 마케팅의 효과성을 높이고, 비용 대비 효율성을 극대화할 수 있다.

6) 올바른 고객 확보

시장 세분화를 통해 기업은 자사의 제품과 서비스를 필요로 하는 올바른 고객을 보다 정확하게 타겟팅할 수 있다. 적합한 고객을 확보함으로써, 기업은 고객 만족도를 높이고, 장기적인 고객 관계를 구축할 수 있다.

다. 효과적인 세분화 요건

시장 세분화의 성공을 위해서는 몇 가지 중요한 요건을 충족해야 한다. 이러한 요건을 만족시킴으로써, 세분화 전략은 보다 효과적으로 실행될 수 있으며, 기업은 시장에서 경쟁 우위를 확보할 수 있다.

1) 측정 가능성

세분 시장의 규모와 소비자들의 구매력 등을 측정할 수 있어야 한다. 측정 가능성은 기업이 각 세분 시장의 잠재력을 정확히 평가하고, 적절한 자원을 배분할 수 있도록 도와준다. 이를 통해 세분 시장의 타당성을 판단하고, 이를 기반으로 전략을 수립할 수 있다.

2) 접근 가능성

소비자에게 효과적으로 접근할 수 있어야 한다. 접근 가능성은 기업이 세분 시장의 고객에게 효과적으로 마케팅 메시지를 전달하고, 제품이나 서비스를 제공할 수 있는 능력을 의미하며, 기업이 목표 고객에게 얼마나 잘 다가갈 수 있는지를 결정짓는 중요한 요소이다.

3) 충분한 규모의 시장

수익성을 확보할 만큼 시장의 규모가 충분히 커야 한다. 세분 시장의 규모는 기업의 수익성에 직접적인 영향을 미치기 때문에, 기업은 각 세분 시장이 충분한 규모를 가지고 있어, 자원의 투입이 수익으로 이어질 수 있는지를 평가해야 한다.

4) 차별화 가능성

시장 세분화를 통해 고객들의 다양한 요구에 맞춘 제품과 서비스를 제공함으로써, 다른 마케팅 믹스와는 차별화된 반응을 이끌어내야 한다. 차별화 가능성은 세분화된 시장에서 기업이 경쟁사와 다른 독특한 가치를 제공할 수 있는지를 판단하는 기준이다. 이 요건을 충족하면, 기업은 세분 시장에서 독보적인 위치를 차지할 수 있으며, 고객의 충성도를 높이는 데 기여할 수 있다. 이를 통해 기업은 지속적인 성장과 성공을 기대할 수 있다.

3-3
마케팅 믹스(Marketing Mix)

마케팅 믹스는 기업이 제품 또는 서비스를 소비자에게 성공적으로 홍보하고 판매하기 위해 사용하는 다양한 요소(제품 계획, 가격 정책, 판매 경로 정책, 광고, 인적 판매활동, 판매촉진 등)를 의미한다. 이 요소들은 개별적으로는 물론 상호 작용하며 기업의 전반적인 마케팅 성과에 중요한 영향을 미친다.

전통적으로 마케팅 믹스는 4가지 주요 요소로 구성되며, 이를 4P라고 한다: 제품(Product), 가격(Price), 유통 경로(Place), 홍보(Promotion)이다.

1) 제품(Product)

제품은 소비자의 니즈를 충족시키는 재화나 서비스를 의미한다. 제품의 종류에 따라서 그 가치가 결정된다. 이러한 가치는 제품의 품질, 기능, 디자인, 브랜드 이미지 등 다양한 요소에 의해 형성된다. 제품의 가치는 소비자에게 얼마나 큰 만족감을 줄 수 있는지에 따라 달라지며, 이러한 가치를 바탕으로 수익성 있는 가격이 책정된다.

2) 가격(Price)

가격은 고객이 지불하는 금액으로, 제품의 실제 가치뿐만 아니라 고객이 지불할 의사가 있는 가격도 포함된다. 가격 전략에는 다양한 방법이 있으며, 제품의 경쟁력을 강화하거나 독점을 위해 가격을 올리는 전략, 또는 소비자 접근성을 높이기 위해 가격을 낮추는 전략 등이 대표적이다. 가격은 시장 상황, 경쟁 제품의 가격, 소비자의 인식 등을 고려하여 신중하게 결정되어야 하며, 적절한 가격 책정은 매출 증대와 시장 점유율 확대에 중요한 영향을 미친다.

3) 유통경로(Place)

유통경로는 제품을 어디에 판매할지에 대한 전략이다. 유통 채널을 결정할 때는 비용과 편의성을 분석하여 최적의 경로를 선택한다. 유통경로의 선택은 소비자의 구매 행동에 큰 영향을 미치며, 올바른 경로 선택은 제품의 시장 성공을 가속화할 수 있다.

4) 홍보(Promotion)

홍보의 주요 목표는 제품이나 서비스를 소비자에게 널리 알리는 것이다. 소비자가 시장에서 다른 제품보다 자사의 제품을 선택하도록 유도하는 데 중요한 역할을 한다. 홍보에는 광고, 마케팅 전략, 마케팅 채널 등이 포함된다. 홍보 활동은 브랜드 이미지 형성에도 중요한 영향을 미치며, 장기적으로 기업의 시장 입지를 강화하는 데 기여할 수 있다. 홍보 전략은 타겟 소비자층의 특성에 맞춰 설계되어야 하며, 이를 통해 마케팅 메시지가 더욱 강력하고 효과적으로 전달될 수 있다.

4P는 각각의 요소들이 독립적으로 작용하는 것이 아니라, 서로 연결되어 기업의 마케팅 전략을 구성한다. 각 요소의 적절한 조합은 하나의 총체적인 이미지를 구축하며, 이를 통해 기업의 제품이나 서비스가 고객에게 인식되고 판매로 이어진다. 4P를 효과적으로 활용한 마케팅 전략은 기업의 경쟁력 향상에 크게 기여할 수 있다. 장

기적으로 기업의 지속 가능한 성장에도 중요한 역할을 하며, 이를 통해 기업은 빠르게 변화하는 시장 환경 속에서도 유연하고 전략적인 대응이 가능해진다.

<표-9 4P/4C/4E의 전환>

4P	4C	4E
제품(Product)	(Customer value) 소비자 비용	경험(Experience)
가격(Price)	(Customer cost) 소비자 편의성	교환(Exchange)
유통(Place)	(Customer convenience) 소비자 소통	확장(Extension)
홍보(Promotion)	(Customer communication) 커뮤니케이션	감정(Emotion)

〈표-9〉는 기업이 시장 환경과 고객 요구에 맞춰 전략을 조정하는 마케팅의 4P, 4C, 4E 프레임워크이다. 각 모델은 제품 중심에서 고객 중심, 그리고 고객 경험 중심으로의 전환을 반영한다.

4P는 전통적인 제품 중심의 마케팅 접근으로 고객에게 제품을 효과적으로 전달하고, 이후 4C는 고객의 요구와 편의성을 우선시하는 관점을 의미한다. 마지막 4E는 디지털 시대에 맞춰 고객 경험을 중시한다.

이처럼 제품 중심의 관점에서 소비자 중심의 관점으로 전환하는 것은 소비자의 경험과 확장을 고려한 마케팅 이해와 전략 수립에 도움이 된다. 이러한 전환은 단순히 제품의 기능이나 특성에 집중하는 것을 넘어서, 소비자가 제품을 어떻게 경험하고 그 경험을 통해 어떤 가치를 얻는지에 주목하는 것을 의미한다. 이는 기업이 소비자의 요구와 기대를 더욱 깊이 이해하고, 이를 바탕으로 보다 효과적이고 맞춤형 마케팅 전략을 개발할 수 있게 한다.

3-4
제품 수명 주기(Product Life Cycle, PLC)

　제품 수명 주기는 제품이 개발기, 도입기, 성장기, 성숙기, 쇠퇴기까지의 5단계를 거치는 과정을 의미한다. 이 개념은 독일 경제학자 Theodore Levitt에 의해 개발되었으며, 오늘날까지 사용되고 있다. 제품 수명 주기는 기업이 제품의 생애 전반에 걸쳐 적절한 전략을 수립하고 실행할 수 있도록 하는 중요한 도구로, 각 단계에서의 특성과 도전에 따라 맞춤형 대응이 필요하다.

　① 개발기 : 제품 수명 주기의 첫 번째 단계로, 시장 조사가 시작되며, 제품 출시 전 콘셉트를 세부적으로 정의하고, 제품을 테스트하며 출시 전략을 수립한다. 이 단계는 제품의 스케치부터 프로토타입 제작까지 모든 과정이 포함된다. 이 시점에서 기업은 시장 진입 가능성을 평가하고, 제품의 기능성과 차별성을 극대화하기 위해 여러 차례 테스트와 개선 작업을 거치게 된다.

　② 도입기 : 제품이 시장에 출시되는 시기를 의미한다. 이 단계에서 마케팅팀은 제품 인지도를 형성하고 목표 시장에 진입하는 데 주력한다. 일반적으로 모든 콘텐츠 마케팅 및 인바운드 마케팅 활동은 제품 홍보를 중심으로 이루어진다.

도입기에서는 제품의 첫 인상이 매우 중요하며, 초기 소비자 반응이 향후 제품 성공에 큰 영향을 미칠 수 있다. 따라서 이 단계에서의 마케팅 전략은 브랜드 인지도 구축과 초기 수요 창출에 초점을 맞추어야 한다. 또한, 소비자 피드백을 통해 제품을 빠르게 개선할 수 있는 유연성이 필요하다.

③ 성장기 : 소비자들이 제품을 받아들이고, 마케팅 메시지를 수용하기 시작하는 단계이다. 이 시기에 수요와 수익이 증가하며, 동시에 경쟁이 본격화된다. 성장기에서는 시장 점유율을 확장하기 위해 제품의 차별성을 더욱 강조하여 경쟁사와의 차이를 부각시키는 것이 중요하다. 기업은 이 단계에서 성공적으로 경쟁 우위를 확보함으로써, 장기적인 시장 지배력을 강화할 수 있다.

④ 성숙기 : 판매가 급격히 증가하다가 안정세에 접어드는 단계이다. 이 시점에서 기업은 경쟁력을 유지하기 위해 가격 인하 등의 전략을 펼친다. 이 시기에는 고객 관계 관리(CRM)와 같은 전략을 통해 기존 고객을 유지하고, 고객 충성도를 높이는 데 주력해야 한다.

⑤ 쇠퇴기 : 제품이 시장에서 인기를 잃기 시작하는 마지막 단계이다. 이때 경쟁이 치열해지고, 경쟁사의 시장 점유율이 증가하며 기존의 점유율을 빼앗기게 된다. 시장 쇠퇴는 유사한 기능을 가진 제품의 등장, 구식 또는 대체된 제품, 고객의 관심 상실, 손상된 브랜드 이미지 등과 관련이 있다.

쇠퇴기에서는 제품의 수익성이 급격히 떨어지므로, 재고 관리와 같은 비용 절감 조치가 필요하며, 기업은 새로운 성장 동력을 찾기 위해 다음 제품 개발에 집중해야 한다.

<그림-6 제품수명주기 그래프>

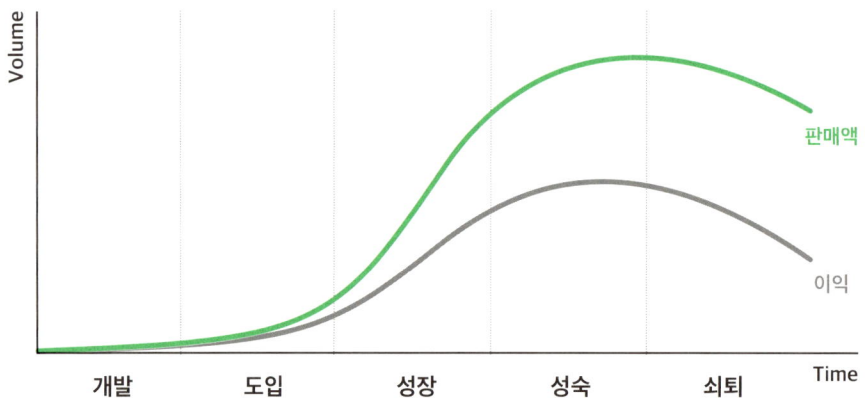

자료 : 매일벤처스

이렇듯 마케팅의 목적은 고객과 기업이 상호작용을 통해 고객의 니즈를 충족시키고 만족시키는 것, 즉 고객 관계를 관리하는 데 있다. 이를 위해 고객의 욕구를 이해하고, 그들에게 가치를 제공할 수 있는 제품과 서비스를 개발해야 한다. 또한, 효과적인 가격 전략, 유통 채널, 촉진 방안을 마련함으로써 제품의 판매를 용이하게 할 수 있다.

핵심!

- STP 전략은 진입하는 시장을 세분화하고 세분화된 표적시장을 선정하여 어떤 위상을 확보할 것인지 방안을 수립하는 정의와 전략.
- 시장세분화 기준변수는 인구통계학적, 지리적, 심리분석적, 행위적으로 분류.
- 마케팅 믹스는 소비자에게 성공적으로 홍보하고 판매하기 위해 사용하는 다양한 요소를 말하며 전통적 4가지 요소는 제품, 가격, 유통경로, 홍보가 있음.
- 제품 수명 주기는 개발기, 도입기, 성장기, 성숙기, 쇠퇴기의 5단계로 이루어 짐.

3-5
기업 사례

 마케팅의 성공은 다양한 요소에 의해 결정되며, 그중에서도 목표 설정, 전략 수립, 타겟 고객층 파악, 콘텐츠 및 채널 선택이 중요한 역할을 한다. 마케팅을 성공적으로 수행하려면 우선 명확하고 현실적인 목표를 설정하고, 그 목표를 달성하기 위한 전략을 수립하여 실행해야 한다.

 또한, 마케팅 예산을 효율적으로 운용하고, 성과를 지속적으로 측정하여 개선해야 하며, 장기적인 브랜드 가치와 고객 관계도 고려해야 한다. 이처럼 마케팅의 성공은 시간과 노력이 필요한 작업이다. 지속적인 노력과 전략적인 접근을 통해 기업은 변화하는 시장 환경에 적응하고, 장기적인 성과를 창출할 수 있다.

 이제 이러한 적극적인 마케팅 활동을 통해 고객을 창출하고, 매출과 이윤을 극대화한 성공적이고 모범적인 기업 두 곳의 사례를 살펴보겠다. 이들 기업은 각기 다른 시장에서 독창적인 마케팅 전략을 통해 성공을 거두었으며, 이는 다른 기업들이 참고할 만한 좋은 사례로 꼽힌다.

첫 번째 사례는 스스로를 B급 마케팅이라 칭하며, 업계 후발주자로 시작했음에도 불구하고 독일 푸드 딜리버리 스타트업 딜리버리히어로에 4조 7,500억 원에 인수된 한국 배달앱 1위 기업, '배달의민족'이다. 이 기업은 독특하고 유머러스한 마케팅 캠페인을 통해 소비자들에게 강렬한 인상을 남기며 브랜드 인지도를 빠르게 확장시켰다.

특히, SNS를 활용한 바이럴 마케팅과 독창적인 광고 콘텐츠는 젊은 소비자층에게 큰 반향을 일으켰으며, 이를 통해 경쟁이 치열한 배달앱 시장에서 선도적인 위치를 확보할 수 있었다.

두 번째 사례는 새벽 배송과 풀콜드체인 시스템을 처음으로 도입하여 유통업계에 혁신을 일으킨 '마켓컬리'이다. 30~40대의 먹거리 안전에 대한 불안을 해소하는 타겟 마케팅으로 시작해, 이제는 식료품 구매 시 가장 선호하는 기업으로 성장했다. 마켓컬리는 신선도와 품질을 보장하는 차별화된 서비스와 특히, 새벽 배송이라는 혁신적인 유통 방식으로 고객들에게 큰 편리함을 제공하였고, 이를 통해 충성 고객층을 확보하게 되었다.

가. 배달의민족

한국 배달앱 1위인 '배달의민족'을 운영하는 우아한형제들은 2023년에 매출 3조 4,115억 원, 영업이익 6,998억 원을 기록했다. 이러한 호실적은 슈퍼마켓 식품 배달 서비스인 '배민B마트'와 배달비를 절감할 수 있는 '알뜰배달' 등 신규 서비스의 성공, 그리고 신규 이용자 확보와 유지에 기인한 것으로 분석된다.

<그림-7 우아한형제들 매출 및 영업이익> (연결 기준, 단위:원)

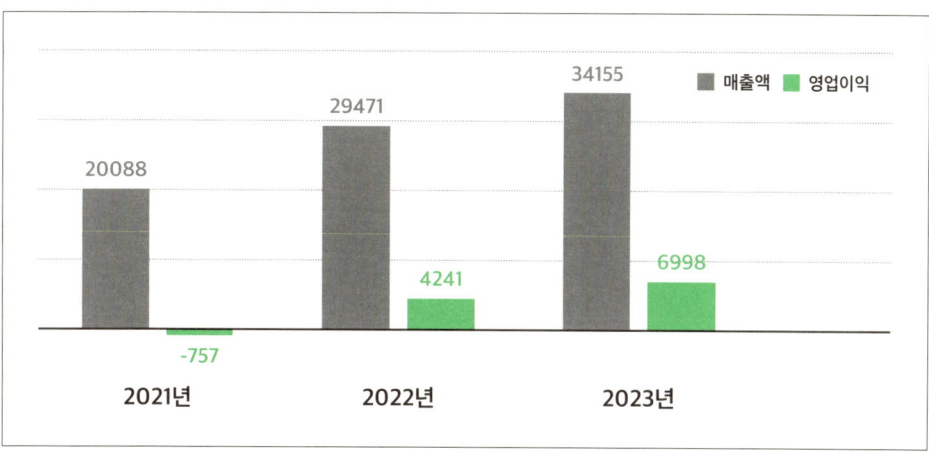

자료 : 매일벤처스

'배달의민족'의 월간 활성 이용자 수, MAU[17]는 2024년 1월 기준 1,995만 1,392명으로, 전년 대비 0.1% 증가했다. 이는 경쟁사인 '요기요'의 두 배를 넘는 수치이다. MAU 증가의 주요 요인은 2023년 4월에 출시된 '알뜰배달' 서비스의 성공으로 예상된다. '알뜰배달'은 경제적 부담을 줄이고자 하는 소비자들의 요구에 부합했으며, 특히 젊은 층과 가계 부담이 큰 가정에서 큰 인기를 끌었다. 이러한 서비스 외에도 '배달의민족'이 어떻게 마케팅을 진행해 왔는지, 프로모션을 중심으로 설명하겠다.

'배달의민족'은 20~30대를 타겟으로 마케팅을 진행했으며, B급 감성과 패러디를 활용한 프로모션을 펼쳤다. 그 시작은 첫 TV 광고였다. 고구려 무용총 수렵도 벽화를 패러디한 광고에서 류승룡 배우가 철가방을 들고 "우리가 어떤 민족입니까"라고 외친 장면은 배달의민족을 대중에게 각인시키는 계기가 되었다. 이 광고는 '배달(倍達)'이라는 고조선의 다른 이름과 '배달(配達)'이라는 물건을 나르는 행위를 중의적으로 익살스럽게 표현하여 큰 인기를 끌었다.

---

17 MAU(monthly Activity User) : 30일 동안 앱을 사용하는 순 유저 수를 의미.

이후에도 배달의민족은 다양한 콘텐츠와 채널을 활용해 지속적으로 B급 감성을 강화하며, 젊은 세대의 트렌드를 선도하는 브랜드로 자리매김했다. 이러한 전략적 마케팅 접근은 배달의민족이 업계 1위로서의 지위를 공고히 하는 데 중요한 요소로 작용했다.

<그림-8 배달의민족 TV광고 류승룡 편>

자료 : 배달의민족

이뿐만 아니라, '배민 신춘문예'는 음식을 주제로 하여 짧은 시를 이용자가 공모하는 방식으로 재미있고 센스있는 문구를 선발한다. 선발된 문구는 배민에서 직접 홍보용으로 사용하기도 한다. 이 과정에서 소비자들은 브랜드와의 상호작용을 통해 단순한 고객이 아닌 브랜드의 일부가 되는 경험을 하게 된다.

'배민 신춘문예'는 2015년부터 매년 봄에 열리며, 지금까지 약 57만 편의 응모작이 접수되었다. 역대 수상작 중에는 '마늘'을 주제로 한 "다 져도 괜찮아", '아이스아메리카노'를 주제로 한 "모든 계절이 다 너였다" 등의 작품이 있으며, 당선자에게는 배민 자유이용권이 부상으로 제공된다.

 이처럼 소비자들의 창의성과 감성을 이끌어내는 '배민 신춘문예'는 단순한 공모전의 의미를 넘어, 브랜드와 소비자 간의 감성적인 유대감을 강화하는 중요한 플랫폼으로 자리잡았다.

<그림-9 배민 떡볶이 마스터즈, 배민 치믈리에 이벤트>

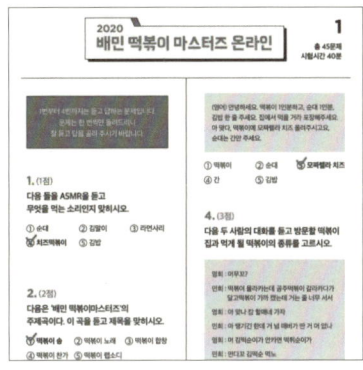

자료 : 배달의민족

 '배민 떡볶이 마스터즈'는 2019년부터 떡볶이 매니아들을 대상으로 개최된 행사로, 떡볶이에 대한 정보 이상의 지식을 묻는 시험이다. 이 시험은 재료와 특징 파악, 전국 맛집, 떡볶이의 전통과 트렌드 등 다양한 내용으로 구성되어 있으며, 50만 명이 참여할 정도로 큰 인기를 끌었다.

 이렇듯 배달의민족은 생소하거나 또는 일상에서 쉽게 접할 수 있는 음식을 주제로 한 행사를 기획하여, 이용자가 직접 참여하는 프로모션을 지속적으로 시행하고 있다. 이는 단순한 판매 촉진을 넘어, 고객이 브랜드를 즐기고 자발적으로 참여하게 만드는 중요한 요소로 작용한다.

배달의민족은 이러한 특유의 재미와 유희를 바탕으로 B급 감성의 광고와 친근한 기업 이미지를 구축하며, 때로는 엉뚱하지만 매력적인 이벤트를 마케팅에 활용하고 있다. 이러한 독창적인 접근은 배달의민족이 경쟁이 치열한 시장에서 독보적인 위치를 유지하는 데 큰 기여를 하고 있으며, 이러한 기업 활동을 통해 배민은 '이용자와 함께 만들어가는 회사', '이용자와 함께 즐길 수 있는 회사'로 인식되고 있다.

나. 마켓컬리

마켓컬리는 업계 최초로 신선식품을 새벽에 배송하는 물류시스템을 구축하고 풀콜드체인시스템[18]을 도입한 원조기업이다. 거대 온라인 쇼핑몰이 시장에 자리하고 있었지만, 서비스 출시 당시 '새벽배송'이라는 다소 생소하고 획기적인 배송서비스를 시작함으로써, 푸드마켓이 가지고 있는 대중의 불만과 문제점을 직접 해결하고자 했다. 서비스 출시 당시에는 찬반 여론이 있었으나, 현재는 성공적으로 자리매김했다.

또한, 신규 고객을 확보하기 위해 '100원' 프로모션을 진행하며 효과적인 마케팅을 펼친 결과, 마켓컬리는 바른 먹거리와 바쁜 일상 속에서의 편리함을 추구하는 소비자의 니즈에 부합하여 큰 성장을 이루었다. 이 프로모션은 가격에 민감한 소비자들의 관심을 끌어들이는 데 매우 효과적이었으며, 고객들이 마켓컬리의 서비스를 직접 체험해 볼 수 있는 기회를 제공했다. 이를 통해 마켓컬리는 초기 고객 확보에 성공했고, 이후 충성 고객으로 전환하는 데 중요한 역할을 했다

---

18 콜드체인(Cold Chain System) : 온도에 민감한 식료품과 같은 제품 등을 생산에서 소비 과정까지 적합한 온도에 맞춰 관리하는 시스템.

<그림-10 마켓컬리 100원 프로모션>

자료 : 마켓컬리

　마켓컬리는 100원 프로모션의 원조격으로, 2015년 첫 출범 이후 꾸준히 이 마케팅을 진행하며 신규 고객 유치에 적극적이고 공격적인 모습을 보여주고 있다. 당시로서는 매우 파격적인 마케팅이었으나, 현재는 이커머스 업계에서도 유사한 마케팅이 흔히 진행되고 있다. 이 전략은 신규 고객 확보를 용이하게 하고, 이후 재구매를 반복하게 하는 락인 효과를 유도하여 장기적으로 매출 상승에 기여하고 있다.

　또한 마켓컬리는 컬러 마케팅을 잘 활용하는 기업 중 하나이다. 홈페이지 색상, 신선 배송에 사용되는 바구니, 제품 콘셉트 촬영에 쓰이는 배경까지 모든 요소에서 단 하나의 색깔을 사용한다. 이 보라색은 기업이 추구하는 고급스러움과 프리미엄 이미지를 연상시키며, 기업의 정체성을 강화하는 데 중요한 역할을 한다.

　또한, 이 특유의 느낌을 살려 인스타그램, 페이스북 등 이미지 기반 SNS에서 고객에게 강렬한 인상을 남기고 있다. 이는 단순히 시각적 요소를 넘어서, 브랜드의 정체성을 강화하는 중요한 전략으로 작용했다.

<그림-11 마켓컬리 컬러 마케팅>

자료 : 마켓컬리

 이렇듯, '마켓컬리'는 추구하는 고품질 식자재와 친환경, 유기농과 같은 엄선된 제품을 효과적으로 홍보하고 있으며, 기존 이커머스 브랜드와의 차별점을 확고히 하고 있다.

단원 핵심문제

1 시장 세분화 효과에 대해 설명하시오.

2 제품 수명 주기(PLC) 5단계와 내용을 기술하시오.

3 마케팅 믹스의 구성 요소(4P)에 해당하는 내용을 기술하시오.

4 세분화 전략 3단계에 대해 설명하시오.

RENTAL

CHAPTER

4

렌탈 산업 동향

4-1 국내 동향
4-2 해외 동향

4-1
국내 동향

오늘날의 렌털 경제는 단순히 제품을 구입하는데 드는 경제적 부담을 줄이기 위해 선택하는 서비스가 아니라, 고객이 제품을 사용하는 효용성에 가치를 두고 적극적으로 추구하는 서비스로 발전하고 있다. 고객들은 이제 단순히 경제적 이점을 넘어서, 렌털 서비스를 통해 다양한 경험을 추구하고, 그 경험을 통해 개인적인 만족과 라이프스타일의 향상을 도모하고 있다.

렌털 산업은 2014년 이후 연평균 15% 내외의 성장률을 기록하고 있으며, 2025년에는 시장 규모가 100조 원에 이를 것으로 전망되고 있다. 이는 단순히 일시적인 트렌드가 아니라, 소비자들의 가치관 변화와 결합된 지속 가능한 성장이라는 점에서 의미가 있다. 특히 주목할 만한 점은 글로벌 경기침체와 고물가 시대에도 렌털 산업이 타 산업에 비해 안정적으로 성장하고 있다는 점이다.

이러한 성장세는 당분간 지속될 것으로 예상된다. 경제 불확실성이 클수록 소비자들이 대규모 구매보다는 렌털을 통해 위험을 분산시키려는 경향이 강해지기 때문인 것으로 해석된다.

렌털 산업의 성장 원동력 중 하나는 가구 구조의 변화에 따른 1~2인 가구의 증가로, 소형 가전제품에 대한 수요가 늘어나면서 매출이 상승하고 있다. 이는 곧 도시화와 인구 고령화 등 사회적 트렌드와도 맞물려 있으며, 이에 따라 렌털 서비스의 필요성이 더욱 강조되고 있다. 또 다른 원인으로는 미세먼지와 수질 문제 등 예측 가능한 환경 문제에 따른 관련 제품의 수요 증가가 있다.

이외에도 렌털 사업자들은 지속적으로 새로운 카테고리를 선보이며 추가적인 성장 기회를 모색하고 있다. 산업기기 및 장비, 생활가전제품, 자동차 등 소형에서 대형에 이르기까지 카테고리를 세분화하여 다양한 제품을 렌털 서비스로 제공하고 있다.

이처럼 렌털 서비스는 이제 소비자의 일상생활뿐만 아니라 비즈니스 환경 전반에도 깊숙이 자리 잡게 되었다. 기존에는 관리 대상이 아니었던 매트리스, 의자 등과 같은 가구 제품도 렌털 서비스로 제공되며, 인식의 변화와 함께 그 수요가 증가하고 있다. 이러한 서비스의 확대는 소비자들에게 선택의 폭을 넓혀주며, 기업들에게는 새로운 수익 창출의 기회를 제공한다.

또한 렌털 서비스를 이용하는 연령층이 다양해지고 있으며, 특히 경험을 중시하는 MZ세대(1980년대 초 ~ 2000년대 초 출생)가 주 소비층으로 부상하면서, 과거와 달리 렌털 품목은 특정 유형의 상품에 국한되지 않고 있다. MZ세대는 소유보다는 경험을 중시하는 가치관을 바탕으로, 필요할 때만 제품을 이용하고자 하는 경향이 강하다.

이들은 여가 시간을 활용하기 위한 취미용품(RC, 스킨스쿠버, 골프 등)과 특별한 날을 위한 고가의 의류 등을 렌털하고 있다. 이는 고가의 제품을 구매하지 않고도 다양한 경험을 할 수 있다는 점에서 큰 매력을 느끼게 한다. 즉, MZ세대는 목돈 지출에 대한 부담으로 인해 고가의 제품을 구매하기보다는 체험을 통한 렌털 서비스를 이용하는 경향이 증가하는 것이다. 이러한 소비 패턴은 렌털 시장의 지속적인 성장을 견인하는 중요한 요인 중 하나로 작용하고 있다.

또한 중견기업들이 주도해 오던 B2C 렌털 시장이 빠르게 성장하자, 대기업과 B2B 중심의 렌털 전문기업들도 시장에 진입하며 확장하고 있다. 이로 인해 렌털 산업은 더욱 경쟁이 치열해졌으며, 다양한 제품군과 서비스가 시장에 출시되어 소비자 선택의 폭이 넓어지고 있다. 이러한 경쟁은 렌털 산업의 발전을 촉진하고, 시장 전체의 성장을 이끄는 긍정적인 역할을 하고 있다.

대기업이 렌털 시장에 진입함에 따라, 창업을 준비하는 창업가들이 초기 자본을 효율적으로 구성하는 데 큰 도움이 될 수 있다. 대기업의 참여는 시장의 신뢰도를 높이고, 보다 안정적인 서비스를 제공할 수 있게 함으로써, 창업가들이 보다 쉽게 렌털 서비스를 도입할 수 있는 환경을 조성하고 있다. 즉, 창업가들은 창업 시 필요한 시설비와 운영비를 적절히 조정하고, 여유 자금을 확보하여 장기적인 운영을 하기 위해 B2B 렌털 서비스를 활용하며, 이를 통해 사업장 확보 비용, 집기비품 구입비용, 생산설비와 재료비, 인건비 등을 효과적으로 계획하고 구성할 수 있다.

이는 곧 렌털 서비스를 통해 창업 초기의 재정적 부담을 줄이고, 운영의 유연성을 확보함으로써, 창업가들은 보다 안정적인 사업 성장을 도모할 수 있다. 결국, 렌털 경제는 단순한 서비스가 아닌, 현대 사회의 다양한 요구와 변화에 적응하는 중요한 비즈니스 모델로 자리매김하고 있음을 의미한다.

<그림-12 국내 B2C 렌탈 시장 추이>

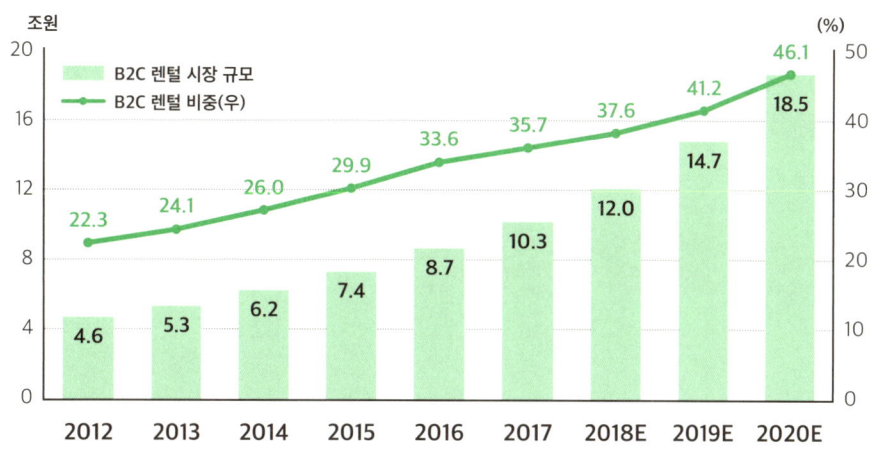

자료 : KT경제경영연구소, 하나금융경영연구소

 렌탈을 이용하는 고객은 '소유할 것인가, 빌릴 것인가'의 고민보다는 효용성의 가치에 따라 결정을 내린다. 이는 소유의 가치보다 사용상의 효용성을 더 중요하게 여긴다는 의미이다. 특히, 빠르게 변화하는 기술 환경에서 최신 제품을 언제든지 경험할 수 있는 렌탈 서비스는 소비자들에게 더욱 매력적으로 다가오고 있다.

 이러한 합리적인 소비가 확산되면서 소비에 대한 인식이 '소유'에서 '대여'로 변화하고 있으며, 이에 따라 렌탈의 영역도 일부 카테고리에 국한되지 않고 전체적으로 확장하며 성장하고 있다.

 렌탈 시장은 여전히 높은 성장 잠재력을 지니고 있는 것으로 평가되며, 이는 국내 소비자들의 렌탈 서비스에 대한 긍정적인 인식과 더불어, 우리나라보다 10년 앞선 일본의 렌탈 시장 상황을 고려할 때 더욱 그렇다.

일본의 사례를 보면, 렌털 서비스는 이미 일상 생활의 필수적인 부분으로 자리잡았으며, 다양한 제품과 서비스가 렌털의 대상으로 확장되었다. 이러한 일본의 시장 상황은 우리나라의 렌털 시장이 앞으로 더욱 성장할 수 있는 가능성을 시사한다. 일본과 비교하여, 우리나라의 렌털 시장은 규모와 품목의 종류에서 상대적으로 적기 때문에 앞으로도 성장 여력이 충분히 높을 것으로 예상된다. 이는 렌털 서비스 제공업체들에게 새로운 기회를 제공하며, 소비자들에게는 더 많은 선택지를 제공하게 될 것을 의미한다.

가. '소유'에서 '대여'로 변화하는 소비 트렌드

소비 트렌드의 변화는 이미 필수재에 대한 충분한 소비와 생활 수준의 향상으로 인해 관심과 소비 욕구가 높아진 데서 비롯된다고 할 수 있다. 이에 따라 소비자들은 이제 제품이나 서비스의 소유보다는 사용 과정에서 얻는 경험과 효용에 더 큰 가치를 두게 되었다. 반면, 경기 침체의 장기화와 물가 상승으로 인한 미래에 대한 불안감은 소비 심리를 위축시키고 있다.

이러한 경제적 불안은 소비자들로 하여금 신중하게 소비 결정을 내리도록 만들고 있으며, 이는 렌털 서비스의 매력을 더욱 부각시키고 있다. 소비자들은 더 신중하게 소비를 결정하게 되면서, 합리적인 소비가 확산되고 있으며, 이로 인해 생활가전, 대형가전, 미용용품, 헬스케어, 가구 등 다양한 제품 카테고리로 렌털 서비스가 확대되고 있다. 특히, 고가의 제품이나 지속적으로 유지 관리가 필요한 제품의 경우, 소비자들은 구매 대신 렌털을 선택하는 경향이 더욱 강화되고 있다.

특히, 1인 가구와 고령 인구의 증가로 인해 맞춤형 렌털 서비스가 크게 성장할 것으로 기대되며, 경제적 부담으로 인해 쉽게 구매하기 어려운 제품과 서비스에 대한 렌탈 수요도 더욱 늘어날 것으로 보인다. 1인 가구의 경우, 소형 가전제품이나 가구 등을 필요에 따라 대여함으로써 공간과 비용을 효율적으로 사용할 수 있다. 고령 인구 또한 건강 관리 및 편의성을 고려하여 렌탈 서비스를 선호하는 경향이 증가하고 있다. 이러한 변화는 렌탈 서비스의 세분화와 맞춤형 서비스 제공을 더욱 촉진시키고 있으며, 렌탈 시장의 지속적인 성장을 견인할 것으로 예상된다.

<그림-13 1인 가구와 고령인구 추이>

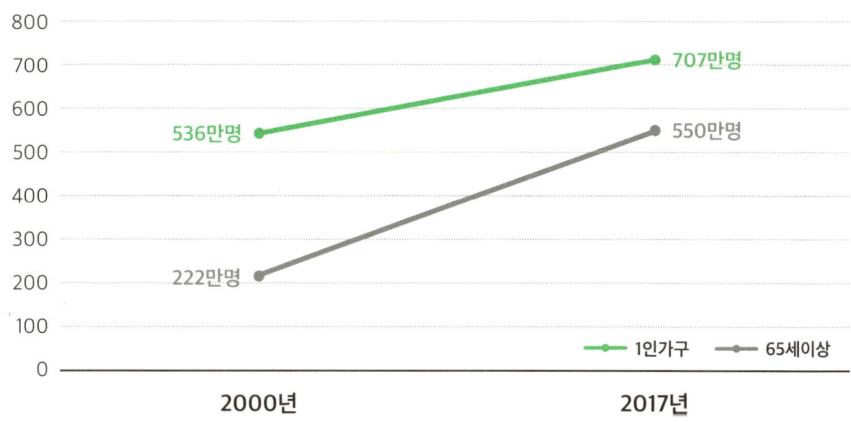

자료 : 통계청

렌탈 수요가 증가할 것으로 예상되는 제품에는 고가 제품과 취미용품(골프, 스킨스쿠버, 스키 등)이 포함된다. 또한, 고령 인구의 증가 추세에 따라 실버케어 상품 및 서비스의 렌탈도 더욱 활성화될 것으로 전망된다. 이와 같이 렌탈 서비스는 단순히 경제적 부담을 줄이는 수단을 넘어, 소비자들의 생활 방식을 변화시키고 있으며, 앞으로도 이러한 변화는 지속될 것으로 보인다.

<표-10 렌털 성장 요인 및 유망 렌털 상품>

구분	내용
1인 가구 및 고령 인구 증가	1인 생활 가전 패키지, 생애주기별 라이프스타일 맞춤형 렌털 상품, 취미용품, 의료기기, 안마기기, 실버케어 서비스
기술발달	레저, 취미 목적 기기 및 장비(드론, 골프, 스킨스쿠바 등) AI 기술 결합 제품, 자율주행 및 커넥티드카 렌털

자료 : 하나금융경영연구소 자료 재구성

나. 렌털 서비스의 주요 소비자 연령층

온라인 소비 유형과 세대별 분석 자료에 따르면, 최근 신용 및 체크카드 사용 승인 데이터를 취합하여 소비 트렌드를 분석한 결과, 전 연령대에서 여행, 숙박, 문화생활 분야의 온라인 소비는 감소한 반면, 배달앱 결제와 전기·전자제품 관련 소비는 증가한 것으로 나타났다. 이는 팬데믹 이후 변화된 소비 패턴을 반영하며, 집안에서의 생활을 더욱 편리하고 풍요롭게 만들기 위한 소비가 증가하고 있음을 시사한다. 이와 같은 소비 패턴의 변화는 렌털 시장의 확장과 밀접하게 연관되어 있으며, 특히 가전 제품 렌털에 대한 수요가 증가하고 있는 상황이다.

<그림-14 가전렌털 결제 금액 규모 및 결제 건당 평균 금액>

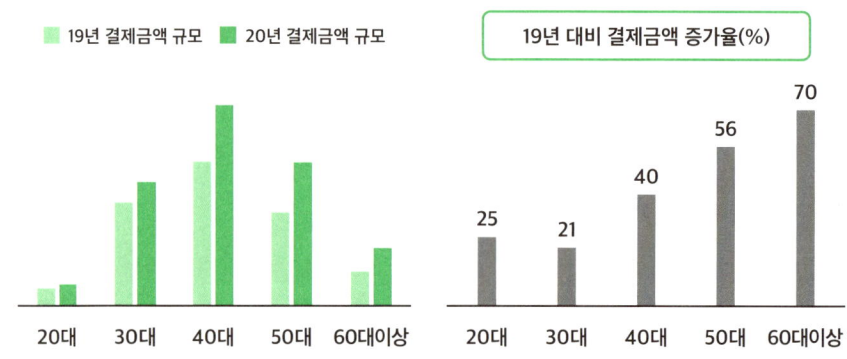

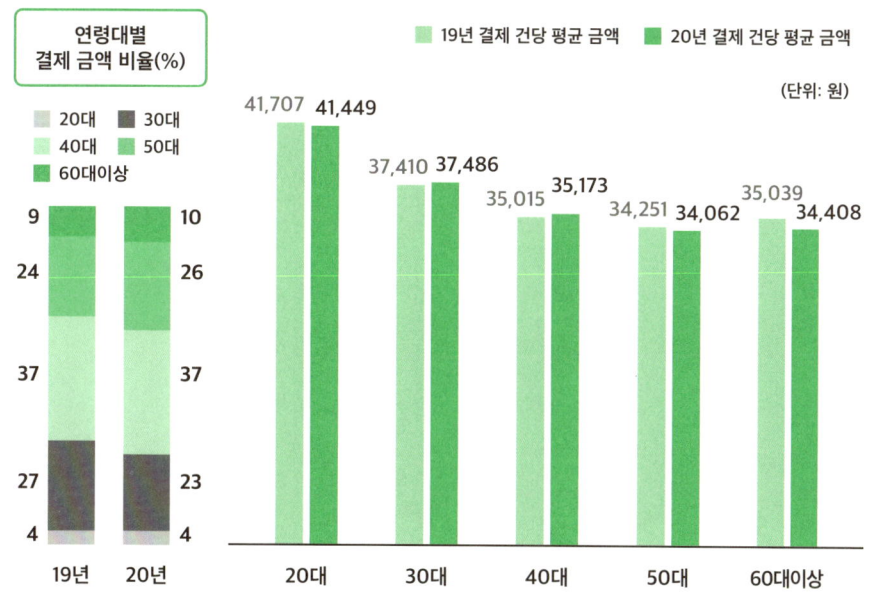

자료 : 하나금융경영연구소

　가전 렌털 결제 금액 규모는 40대가 37%로 가장 높았으며, 다른 연령대도 유사한 비율을 보였다. 이들은 제품의 최신 기능과 품질을 중요하게 여기며, 이를 통해 가족의 삶의 질을 향상시키고자 한다. 결제 금액 증가율은 20대와 30대보다 40대 이상에서 더 높게 나타났다. 이는 40대 이상 소비자들이 렌털 서비스를 통해 고가의 제품을 부담 없이 이용하고자 하는 경향이 강하다는 것을 의미한다.

　온라인 카드 결제 규모는 30대와 40대를 중심으로 지속적으로 증가하는 추세이다. 특히, 40대 이상에서는 소액 결제 빈도가 증가하고 있으며, 렌털 부문에서도 조사 기준 연도 대비 약 37% 증가한 것으로 나타났다. 이는 편리함을 중시하는 온라인 소비에서 중장년층의 렌털 소비가 증가하고 있음을 보여준다.

　이와 같이 렌털 서비스는 단순히 젊은 세대의 전유물이 아니라, 다양한 연령층에서 실질적인 소비 행태로 자리잡아가고 있다. 특히, 경제적 여유와 안정성을 바탕으로 생활의 질을 높이고자 하는 30대 이상 소비자들에게 렌털 서비스는 매력적인 선택지로 떠오르고 있으며, 이는 렌털 시장의 지속적인 성장 가능성을 뒷받침하는 중요한 요인으로 작용하고 있다.

다. 국내 렌털 시장 방향

렌털 시장은 지속적인 성장세를 이어갈 것으로 전망되며, 이는 렌털 시장의 고성장과 제품 포트폴리오의 다변화에 기인할 것이다. 렌털 산업은 이제 단순히 가전제품을 빌려주는 서비스에서 벗어나, 소비자들이 필요로 하는 다양한 제품과 서비스를 제공하는 방향으로 진화하고 있다.

웅진코웨이의 경우 정수기를 시작으로 공기청정기, 연수기, 비데 등을 차례로 추가함으로써 영업이익이 44% 성장하였다. 이는 웅진코웨이가 초기 렌털 시장의 선도자로서 확고한 위치를 구축한 후, 지속적으로 제품 포트폴리오를 확장하여 시장 수요에 대응해 온 결과라 할 수 있다. 웅진코웨이는 소비자들의 다양한 필요를 충족시키기 위해 꾸준히 제품 라인업을 확장해 왔으며, 이는 고객의 신뢰를 얻는 데 크게 기여했다.

후발주자들 역시 웅진코웨이처럼 포트폴리오를 확장해 왔으며, 향후에도 제품 개발을 통해 성장세를 이어갈 것으로 예상된다. 이러한 포트폴리오의 다변화는 렌털 산업 전체의 성장을 견인하고 있으며, 경쟁이 치열한 시장에서 각 업체가 차별화된 경쟁력을 확보하는 데 필수적인 전략으로 자리 잡고 있다.

국내 전체 렌털 시장 순위를 보면, 웅진코웨이는 부동의 1위 기업으로 630만 계정을 보유하고 있으며, 이는 2위인 LG전자 계정 수의 두 배가 넘는 규모이다. 웅진코웨이의 성공은 단순한 제품의 다양성뿐만 아니라, 지속적인 고객 관리와 서비스 품질 유지에 대한 노력의 결과이기도 하다.

LG전자는 2009년에 렌털 시장에 진출하였으며, 브랜드 파워와 자금력을 바탕으로 매년 폭발적인 성장세를 기록하며, 후발주자임에도 불구하고 렌털 시장에서 2위까지 성장하게 되었다. LG전자는 가전 제품의 기술력과 품질을 기반으로 소비자들에게 높은 신뢰를 얻었으며, 이를 바탕으로 렌털 시장에서도 빠르게 성장할 수 있었다. 이와 같은 대기업의 시장 진입은 전체 렌털 시장의 성장 동력을 제공하며, 산업의 경쟁력을 한층 강화하고 있다.

1) 대한민국 렌털의 신화 "우리가 대한민국 렌털을 이끈다." - 웅진코웨이

웅진코웨이는 1989년 설립 후 현재까지 렌털 산업의 중심에 있으며, 산업 기반과 발전에 가장 큰 영향을 미친 기업으로 소형생활가전(정수기, 공기청정기)을 시작으로 현재는 가구 등을 렌털 판매, 일시불 판매, 멤버십 서비스를 통해 제공하고 있다. 그동안 끊임없는 혁신과 서비스를 통해 고객들에게 높은 만족도를 제공해 왔으며, 이는 지속적인 성장을 가능하게 하는 중요한 요인 중 하나로 작용하고 있다.

1989년, 김형수 사장은 정수기 제조, 임대 및 판매를 위한 한국웅진코웨이를 설립하였고, 이듬해 1990년 정수기 판매 및 렌털업을 시작했다. 당시 국내 정수기 시장은 초기 단계였으나, 김형수 사장은 시장의 잠재력을 간파하고 정수기의 대중화를 목표로 하였다. 그 후 1992년 웅진코웨이로 사명을 변경하며, 회사의 브랜드 정체성을 더욱 강화했다.

<표-11 웅진코웨이 주요 연혁>

일자	내용
1989.05	환경가전 제품 생산, 판매전문기업 '한국코웨이주식회사' 설립
1989.04	정수기 판매 개시
1990.04	웅진코웨이 주식회사로 사명 변경
1993.12	공기청정기 판매 개시
1998.04	렌털 비즈니스 및 코디 서비스 도입
1999.12	렌털 고객 50만 돌파, 중국 법인 설립
2000.08	증권거래소 주식 상장
2001.05	'룰루' 브랜드 출시, 렌털고객 100만 돌파
2004.05	렌털 고객 300만 돌파
2005.12	렌털 고객 400만 돌파
2007.01	미국 법인 설립, 필터 전문 기업 '세한' 인수
2010.10	매트리스 케어렌털 사업 시작
2012.12	제50회 무역의 날 수출 1억불탑 수상
2014.04	IOT기반 '스마트 에어 케어' 서비스 개시
2017.12	말레이시아 고객 계정 100만 돌파
2019.03	최대주주 코웨이홀딩스(주)에서 (주)웅진씽크빅으로 변경
2020.02	최대주주(주)웅진씽크빅에서 넷마블(주)로 변경, 코웨이(주)사명 변경
2020.12	매출 3조 돌파
2021	주방가전 체험형 연구공간 더 키친(The kitchen) 오픈
2021	ESG 위원회 설립, 2050년 탄소중립(Net-zero) 선언

자료 : 웅진코웨이, 신한금융투자, 매일벤처스

"깐깐한 정수기", "우리집 물보험"이라는 문구는 웅진코웨이의 대표적인 유행어로 자리 잡으며, 대중에게 브랜드를 알리고 정수기 회사로서의 대표성을 확보하는 계기가 되었다. 또한 업계에서는 '코디'를 통한 사전 서비스(BS, Before Service)가 웅진코웨이의 성공을 이끌었다고 평가하고 있다.

이 서비스는 단순한 제품 판매에 그치지 않고, 정수기 제품의 특성에 맞춰 소비자에게 직접 방문하여 관리하는 방식으로 이용자들로부터 큰 호응을 얻었다. 이러한 영업 방식은 몇 개월 동안 관리하지 않으면 신선한 물을 마실 수 없는 정수기의 특성을 잘 극복한 것이었다.

이러한 서비스는 정수기의 유지 관리에 대한 소비자들의 불편함을 해소하고, 신선한 물을 지속적으로 공급받을 수 있도록 하여, 웅진코웨이의 경쟁력을 높이는 데 결정적인 역할을 했다. 이는 고객에게 단순히 제품을 제공하는 것에서 나아가, 지속적인 서비스를 통해 고객과의 신뢰를 강화하는 전략으로 이어졌다.

매달 렌털료를 징수하는 캐시카우(Cash-cow) 사업 모델을 바탕으로, 웅진코웨이는 안정적인 수익 기반을 확보하며, 이를 토대로 글로벌 시장으로의 확장을 본격화했다. 웅진코웨이는 2000년 중국을 시작으로, 2004년 태국 법인, 2007년 말레이시아 법인과 미국 법인을 설립하였다.

이러한 글로벌 확장은 웅진코웨이의 성장 전략에서 중요한 축을 이루며, 각 국가의 소비자 니즈에 맞춘 맞춤형 제품과 서비스를 제공함으로써 현지 시장에서의 입지를 강화했다.

<그림-15 동남아시아 국가의 구매력 평가지수 1인당 GDP 추세>

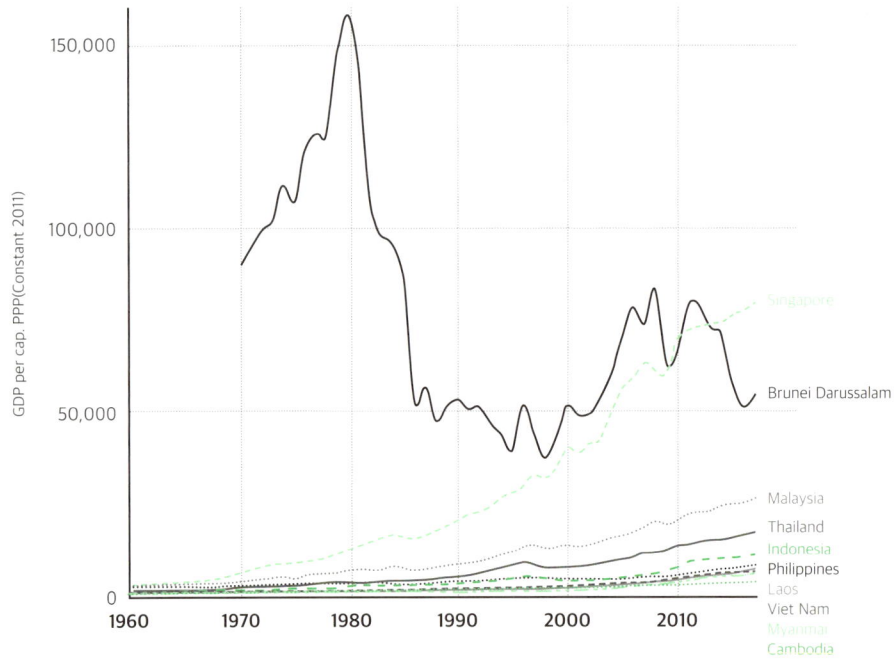

자료 : 서울대학교 아시아연구소 아시아지역정보센터

특히 말레이시아는 동남아 국가 중 소득 수준이 높고 환경에 대한 관심도 높은 국가로, 노후화된 수도관과 상수도원에 대한 불신이 정수기 렌털 수요로 이어졌다. 말레이시아의 정수기 보급률은 약 30%로, 우리나라의 절반 수준에 불과해 아직 확장 단계에 있으며, 이는 웅진코웨이에게 지속적인 성장 기회를 제공하고 있다. 공기청정기에 대한 수요도 증가할 것으로 예상되며, 웅진코웨이는 이러한 기회를 적극 활용해 제품 포트폴리오를 확장하고 있다. 웅진코웨이는 말레이시아에서의 성공을 발판삼아 인근 국가로 사업을 확장할 계획이다.

또한 쿠쿠홈시스의 경우 웅진코웨이보다 10년 늦게 시장에 진출했으나, 사업 확장에 있어 매우 적극적인 모습을 보이고 있으며, 2018년 1월 인도네시아를 시작으로 3월 인도, 12월 베트남에 법인을 설립하였다. 쿠쿠홈시스는 후발주자로서의 약점을 극복하기 위해 공격적인 마케팅과 현지 맞춤형 서비스를 통해 빠르게 시장 점유율을 확보하고 있다.

이렇듯 국내 렌털 기업들은 축적된 사업 노하우를 바탕으로 현지 소비자들의 신뢰를 쌓아가고 있다. 현재 렌털 품목은 주로 정수기에 집중되어 있지만, 앞으로는 다양한 제품 카테고리로 확대되고 계정 수 또한 증가할 것으로 기대된다. 이러한 확장은 렌털 서비스의 가치를 더욱 높이고, 고객들에게 더 큰 편익을 제공할 수 있는 기회를 열어주며, 글로벌 시장에서의 입지를 더욱 공고히 하는 데 기여하고 있다.

2) 국내 시장은 이미 포화상태, 해외로 가자!

국내 렌털 시장이 고성장하고 있음에도 불구하고, 신규 사업자의 시장 진입이 계속 증가하고 있다. 이는 렌털 시장의 매력과 성장 가능성을 보여주는 동시에, 경쟁이 더욱 치열해지고 있음을 의미한다. 이러한 상황에서 해외 진출은 국내 기업들이 새로운 시장을 개척하고 글로벌 경쟁력을 강화하기 위한 필수적인 전략으로 부상하고 있으며, 해외 진출이 중장기적인 성장의 중요한 모멘텀이 될 것으로 전망된다.

하나금융경영연구소와 삼성경제연구소 또한 연구 결과를 통해 국내 렌털 시장이 앞으로도 안정적인 성장세를 이어갈 것으로 전망하고 있다. 이러한 연구 결과는 렌털 산업이 향후에도 지속적으로 성장할 수 있는 여러 요인들을 제시하고 있으며, 이는 기업들이 미래를 대비한 전략을 수립하는 데 중요한 근거가 된다. 이러한 분석은 다음과 같이 정리할 수 있다.

첫째, 렌털 산업은 국민 소득이 2만 달러에 근접하면 활성화되는 선진국형 산업으로,

현재 성장기에 있다. 이는 경제 수준이 향상됨에 따라 소비자들이 품질 높은 제품과 서비스를 이용하려는 욕구가 증가하고, 이에 따라 렌털 서비스의 수요가 높아지는 것을 의미한다. 이러한 경제적 배경은 렌털 산업의 성장에 긍정적인 영향을 미치며, 앞으로도 다양한 소비자층에서 렌털 서비스에 대한 수요가 꾸준히 증가할 것으로 예상된다.

둘째, 일본 렌털 산업이 약 10년 앞서 있는 상황이며, 한국은 일본에 비해 취급 품목이 적기 때문에, 세분화된 신규 카테고리를 구성하면 향후 성장 여력이 충분하다. 특히, 생활가전, 헬스케어, 미용 기기 등 세분화된 품목의 렌털 서비스가 확대될 가능성이 높다.

셋째, 렌털 서비스에 대한 긍정적 인식이 형성되어 있다는 점을 고려할 때 국내 렌털 시장의 성장은 높을 것으로 평가된다. 편리성과 경제적 효율성을 중시하는 현대 소비자들의 인식 변화는 렌털 시장의 성장을 더욱 가속화할 것으로 보인다. 소비자들은 이제 렌털을 단순한 대여 서비스로 보는 것이 아니라, 생활의 일부로 받아들이고 있으며, 이는 렌털 산업이 장기적으로 성장할 수 있는 강력한 기반을 마련해 준다.

넷째, 인구 구조의 변화, 소비 트렌드의 인식 변화, 기술 발전에 따라 지속적인 성장이 예상된다. 1인 가구와 고령 인구의 증가, 기술 발전에 따른 스마트 가전의 보급 확대 등은 렌털 서비스의 수요를 더욱 촉진시킬 것이다. 인구 구조의 변화는 새로운 소비 패턴을 만들어내고 있으며, 이는 렌털 서비스의 수요 증가로 이어질 가능성이 크다. 또한, 기술 발전으로 인한 제품의 혁신은 소비자들에게 최신 기술을 경험할 수 있는 기회를 제공하며, 렌털 서비스를 통해 이러한 경험을 비용 효율적으로 누릴 수 있다.

4-2
해외 동향

일본은 아시아에서 최초로 렌털 회사를 설립한 나라로, 1976년 오릭스(ORIX) 리스사가 출자하여 설립한 오릭스 렌털이 그 시작이다. 현재 일본은 아시아 최초의 렌털사를 보유한 나라답게, 제품 카테고리가 상상을 초월할 정도로 다양하고 세분화되어 있다.

일본의 렌털 제품 카테고리는 일반 가전제품과 산업 장비는 물론, 데이트를 위한 사람(수다를 떨거나 함께 식사하는 사람, 인생 멘토)이나 애완동물까지 빌릴 수 있을 정도로, 눈에 보이는 거의 모든 것을 렌털할 수 있다. 그만큼 일본의 렌털 카테고리와 산업 규모는 우리나라에 비해 월등히 앞서 있다. 일본은 말 그대로 '렌털의 나라'이다.

현재 일본의 렌털 산업은 구독경제(Subscription Economy)를 중심으로 확대되고 성장하고 있다. 일본의 구독 서비스는 소비자들이 소유보다는 경험과 이용을 중시하는 트렌드를 반영하며, 다양한 카테고리로 확산되고 있다.

<표-12 일본 공유경제 서비스 카테고리 및 주요 기업>

구분	내용
물품	<프리마켓, 중고품거래> 메르카리, 라쿠마(라쿠텐), 야후오쿠(야후), 지모티 <패션> 에어클로젯, 메챠카리(스트라이프 인터내셔널)
모빌리티 셰어	<카셰어> 타이즈카쉐어(파크24 산하 타임즈 모빌리티)
공간	<빈집, 빈공간> 에어비앤비, 스페이스마켓 <코워킹 스페이스> 위워크재팬
기술	<클라우드소싱> 클라우드웍스, 랜서스 <가사, 스킬> 타스카지, 코코나라, 사이타, 클라우드웍스

2018년 구독 서비스 시장 규모는 5,627억 엔이었으며, 2023년에는 8,600억 엔으로 확대되었다. 구독 서비스의 카테고리는 패션, 가구, 미용 서비스, 생활 관련, 주거, 음악, 영상 서비스 등으로 매우 다양하며, 특정 분야에 국한되지 않는다. 일본 렌털 산업의 활성화 배경은 다음 세 가지로 설명할 수 있다.

첫째, 버블경제 붕괴로 인한 장기적인 경제 침체와 그로 인한 불확실성이다.

1992년부터 시작된 버블경제 붕괴 이후, 일본 경제는 내수 위축과 디플레이션의 영향으로 사회 구조와 경제 체제가 변화하게 되었다. 이로 인해 일본인들은 장기적인 경제 불황 속에서 불확실한 미래에 대비하기 위해, 고가의 제품을 소유하기보다는 필요할 때만 사용하는 렌털 서비스를 선호하게 되었다.

일본 경제는 여전히 저성장에서 벗어나지 못하고 있으며, 이에 따른 고용 불안정과 저출산·고령화로 인한 사회보장 제도의 불안정이 계속되고 있다. 이러한 상황이 구독경제와 렌털 서비스의 활성화에 기여한 주요 원인 중 하나로 작용하고 있다.

둘째, 혁신적인 제품과 구매하고 싶은 제품이 부족하다.

일본은 한때 혁신의 나라로 불렸지만, 이제는 그 면모를 잃은 지 오래다. 제조업의 쇠퇴와 디지털 시대 적응의 실패로 인해 더 이상 일본에서 혁신적인 제품을 기대하기 어려운 상황이다. 이로 인해 소비자들은 소유욕을 자극하는 새로운 제품이 줄어들면서, 필요에 따라 제품을 임시로 사용할 수 있는 렌털 서비스에 대한 의존도가 높아지고 있다.

셋째, 소비 문화의 변화이다.

일본에서도 소비의 초점이 물건 소유에서 서비스 이용으로 이동하고 있다. 스마트폰의 보급으로 인해, 게임, SNS와 같은 디지털 콘텐츠 소비가 증가하면서, 필요한 물건이 아니면 굳이 구매하지 않고, 소유보다는 필요할 때만 빌려 쓰려는 소비자가 늘어나고 있다.

현재 일본에서는 이러한 추세로 전통적인 유통 산업이 쇠퇴하고 있으며, 스마트폰의 보급으로 다양한 구독경제 기반 서비스에 대한 수요가 점점 증가하고 있다. 또한, B2C 방식이 아닌 중개형 C2C 공유 비즈니스가 큰 인기를 얻고 있다.

예를 들어, 개인이 소유한 물건을 다른 회원에게 빌려주는 중개 서비스나, 장기간 집을 비울 때 애완견을 동물호텔이나 지인에게 맡기는 대신, 다른 견주의 집과 매칭해 돌봐주는 서비스 등이 제공되고 있다. 이와 같은 비즈니스 모델을 바탕으로 현재 운영 중인 주요 업체들을 간략히 소개하도록 하겠다.

가. 회원 간 명품 렌털 서비스 'Laxus'

'Laxus'는 2017년 1월에 런칭한 서비스로, 회원 간 명품을 빌려주는 중개 비즈니스 모델을 제공하고 있다. 이 서비스는 소비자들이 경제적 부담 없이 다양한 명품을 경험할 수 있는 기회를 제공하며, 명품 소유자에게는 새로운 수익 창출의 기회를 열어준다.

이 서비스는 개인이 소유한 명품 가방을 회사에 맡기면, 회사는 해당 가방에 대한 제품 정보를 앱에 업로드하고, 대여가 이루어지면 소유자에게 일정 금액의 대여료를 지급한다. 회사는 가방의 관리(클리닝, 유지비, 보험료)와 배송에 드는 모든 비용을 부담한다. 수익 자체는 크지 않지만, 개인은 사용하지 않는 명품 가방을 통해 소소한 용돈을 벌 수 있는 기회가 된다. 이는 경제적으로 실속 있는 선택을 추구하는 소비자들에게 매력적인 제안이 된다.

Laxus의 비즈니스 모델과 철학은 패스트 패션에 대한 반감에서 출발했다. 패스트 패션이란, 최신 유행을 빠르게 반영하여 저렴한 가격에 대량으로 생산, 소비되는 패션 스타일을 의미한다. 이는 소비자들이 짧은 기간 동안 옷을 구매하고 버리게 하여, 환경에 부정적인 영향을 미친다.

Laxus는 이러한 패스트 패션의 문제점에 대응하여, 명품 가방을 공유함으로써 브랜드 가치를 지키고, 지나치게 많은 물건을 버리는 사회적 문제를 해결하려는 플랫폼 비즈니스이다. 이를 통해 Laxus는 명품의 지속 가능성을 제고하고, 소비자들에게 보다 윤리적인 소비 방식을 제안하고 있다. 이러한 접근은 환경 보호와 경제적 효율성을 중시하는 현대 소비자들에게 깊은 공감을 불러일으켰다.

결과적으로, Laxus는 패스트 패션의 문제를 해결하는 동시에, 소비자들에게 명품의 소유와 사용에 대한 새로운 접근 방식을 제안하며, 렌털 시장의 지속 가능한 성장을 이끌고 있다.

<그림-16 패션 소품 렌털 서비스 이미지>

자료 : 일본 Laxus x 홈페이지

나. 가족 대여 서비스 'Family Romance'

이 서비스는 우리에게 분명 이질적으로 느껴질 수 있는 문화이며, 해외에서도 좀처럼 찾아보기 힘든 서비스일 것이다. '패밀리 로맨스'는 유이치 이시이 CEO가 2009년에 창업한 회사로, 현재 프리랜서 배우를 포함해 약 100여 명의 종업원이 소속된 가족 대여 서비스 업체이다.

이 회사는 결혼식에서 하객이 부족할 때 친척 역할을 대신하거나, 학교 행사에 참석해야 하는 엄마 역할을 대신해 주는 서비스를 제공한다. 또한, 결혼을 종용하는 부모님을 위해 남자친구 혹은 여자친구 역할을 대신하는 서비스도 있다. 이와 같이 다양한 대행 서비스를 제공하며, 평균 이용 서비스 비용은 약 20만 원 정도이다.

이 회사의 서비스는 단순한 역할 대행을 넘어서, 고객들이 사회적 관계에서 느끼는 공허함과 부족함을 채워주는 데 중점을 두고 있다. 이를 통해 고객들은 사회적 요구를 충족시키고, 개인적인 삶에서 부족한 부분을 보완할 수 있게 된다.

유이치 이시이 CEO는 24살 때 한 미혼모를 만난 경험이 창업의 계기가 되었다고 한다. 그 미혼모는 미혼모라는 이유로 아이가 사립유치원에 입학하는 데 어려움을 겪고 있었다. 이 경험을 통해 그는 가족 대행 서비스의 필요성을 느끼고 이 회사를 창업하게 되었다. 이러한 배경은 패밀리 로맨스의 서비스가 단순한 역할 대행을 넘어, 고객들의 실제 삶에 긍정적인 변화를 주고자 하는 목표를 가지고 있음을 보여준다.

유이치 이시이 CEO는 "이 서비스가 이상하게 보일 수 있지만, 일본은 자신의 감정을 숨기고 주변 사람들을 먼저 배려하는 문화가 강하다. 타인의 기대와 표준에 맞는 삶을 살 때 만족도가 높아진다고 생각한다."라고 말했다. 앞으로도 그는 다른 사람들의 삶에 필요한 부분을 채워주기 위해 회사를 더욱 성장시키겠다는 목표를 밝혔다.

<그림-17 가족 대여 서비스 이미지>

자료 : 일본 패밀리로맨스 홈페이지

패밀리 로맨스의 성장은 일본 사회에서의 인간관계와 역할 수행에 대한 새로운 접근 방식을 제시하며, 앞으로도 많은 사람들에게 도움을 줄 수 있는 가능성을 보여준다.

다. '점포 안의 작은 점포', 일본 렌털 쇼케이스 'GET'S'

렌털 쇼케이스는 점포 운영자가 쇼케이스를 준비해 개인 판매자에게 일정 금액을 받고 대여해주는 방식으로 운영된다. 판매자는 그 쇼케이스에 자신의 물건을 진열하고 판매할 수 있다. 이 비즈니스의 핵심 개념은, 고객이 직접 판매자가 되어, 쇼케이스를 통해 자신의 물건을 전시하거나 판매할 수 있는 기회를 제공하는 것이다. 즉, 쇼케이스는 단순한 물리적 공간의 제공을 넘어서, 창업자들에게는 초기 자본 부담을 줄이고, 소비자들에게는 다양한 상품을 한곳에서 만날 수 있는 편리함을 제공한다.

이러한 렌털 쇼케이스는 초기에 아키하바라와 같은 대도심에서 시작되었지만 현재는 일반 주택가에서도 쉽게 찾아볼 수 있게 되었다. 처음에는 매니아들이 피규어, LP판, 잡지 등과 같은 아이템을 교환하던 공간으로 사용되었지만, 이제는 중고 가전제품, 의류, 직접 만든 수제품 등을 판매하는 용도로도 활용되고 있다. 이러한 쇼케이스는 일본에서 고물상 허가를 받아 운영되고 있으며 한국의 고물상과는 전혀 다른 개념으로, 독특한 상거래 방식으로 자리 잡고 있다.

즉, 소비자들이 단순한 쇼핑 경험을 넘어, 자신만의 독특한 아이템을 찾고, 개인 판매자들과의 교류를 즐기는 새로운 형태의 상거래 문화를 형성하고 있는 것이다. 결과적으로, 렌털 쇼케이스는 일본 내에서 새로운 상업적 트렌드로 자리 잡고 있으며, 향후에도 그 활용 범위와 영향력이 더욱 확대될 것으로 기대된다.

<그림-18 렌털 쇼케이스 GET'S>

자료 : 일본 GET'S 홈페이지

라. 명품 시계 구독서비스 '카리토케'

카리토케는 저렴한 가격으로 다양한 명품 시계를 일정 기간 동안 사용해볼 수 있는 구독 서비스나 중고품으로 판매할 수 있도록 하는 회사이다. 약 40여 개의 브랜드와 1,100여 개의 시계 종류를 제공하고 있으며, 소비자가 부담을 느끼지 않도록 월 1만 엔, 즉 10만 원 이하로 이용 요금이 책정되어 있다. 일부 품목(시계, 가방, 의류 제외)에 대해서는 구독료가 면제되며, 반납 기한이 지나도 추가 요금이 부과되지 않아 소비자들의 심리적 부담을 덜어주고 있다. 이로 인해 카리토케는 많은 소비자들에게 경제적이고 유연한 명품 소비 방법으로 인기를 끌고 있다.

카리토케는 시계를 착용해보고 체험할 수 있는 오프라인 점포를 확대하고 있으며, 유락초 마루이, 남바 마루이에 이어 2020년 3월에는 신주쿠 마루이 백화점에 세 번째 오프라인 점포를 개점했다. 특히, 명품 시계와 같은 고가 제품은 소비자들이 직접 보고 착용해 보는 것이 중요한 구매 요소로 작용할 수 있기 때문에, 카리토케의 오프라인 전략은 소비자 신뢰를 높이는 데 효과적인 방법으로 평가받고 있다.

<그림-19 카리토케 렌털상품>

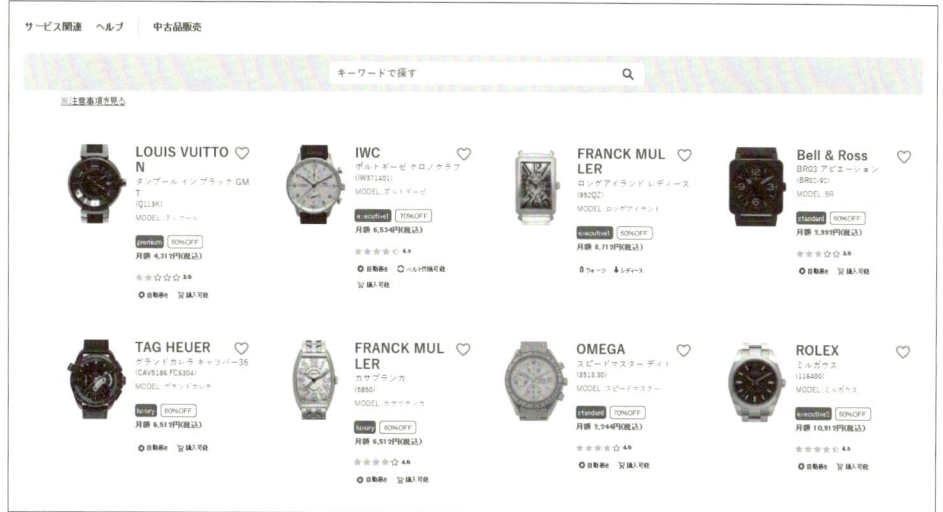

자료 : 일본 카리토케 홈페이지

위에 언급한 사례들 외에도, 일본에서는 실생활 전반에 걸쳐 구독 비즈니스 모델을 도입하는 기업들이 점점 늘어나고 있다. 이러한 현상의 주요 원인은 장기적인 경제 침체에 대한 우려로 인한 소비 심리 위축과 이에 따른 소비자 인식의 변화로 볼 수 있다. 이러한 환경적 요인들이 소비 패턴의 변화를 이끌었으며, 그 결과 기존에 활성화된 렌털 서비스가 구독 경제의 성장을 촉진하는 역할을 했다고 할 수 있다.

마. 서비스를 제공하는 공간으로의 변화 'MARUI'

일본 언론 기사에서 자주 언급되는 표현 중 하나가 '물건을 팔지 않는 점포'라는 문구이다.

오프라인 유통 실적이 악화되면서, 전성기 대비 매출이 절반 수준으로 감소하였고, 그 결과 지방 도시에서는 백화점들이 폐점하는 사례가 늘어나고 있다. 이러한 '물건이 팔리지 않는 시기'에 마루이는 기존의 유통 방식을 과감히 전환하여, 공간 임대업으로 비즈니스 모델을 변경하였다.

기존에는 브랜드에서 직접 제품을 구매하여 판매하는 방식으로 운영하였으나, 이제는 브랜드에 공간을 임대하고 임대료를 받는 방식으로 운영 방식을 변화시켰다. 마루이는 소비자에게 단순히 물건을 판매하는 것이 아니라, 체험을 제공하는 공간으로서의 역할을 강조하며, 이를 새로운 비즈니스 전략의 핵심으로 삼고 있다.

<그림-20 마루이 백화점>

자료 : 일본 마루이 홈페이지

결과적으로, 마루이의 이러한 비즈니스 모델 전환은 유통업계 전반에 걸쳐 새로운 흐름을 형성하고 있으며, 다른 오프라인 매장들에도 중요한 참고 사례가 되고 있다.

마루이는 1963년 상장이래 40년 가까이 연평균 15%의 고성장을 유지해 온 유통

기업이다. 이 회사의 철학은 '시대 변화를 반걸음 앞서간다.'이다.

이러한 일본의 사례를 통해 알 수 있듯이, 일본의 렌털 서비스는 단순히 제품을 빌리고 대여료를 주고받는 경향이 강하며, 이러한 점에서 한국형 렌털 서비스와 차별화된다. 한국의 렌털 서비스는 제품 관리에 중점을 두고 있어, 두 시장 간에 뚜렷한 차이가 존재한다.

그러나 품목의 세분화와 렌털 사업의 플랫폼화가 진행되면서, 렌털 서비스는 다양한 형태와 서비스로 확장될 가능성이 높아지고 있다. 이를 고려할 때, 한국의 렌털 사업도 기존의 관리 중심 서비스를 플랫폼화하여 발전할 수 있는 가능성이 크다. 전통적인 '대여와 관리' 방식에서 벗어나, 플랫폼 구축을 통해 기업 간 협업과 제휴를 활성화하고, 다양한 제품군을 소비자에게 제공하는 것이 향후 렌털 산업이 나아가야 할 방향으로 보인다.

단원 핵심문제

1 고객의 소비 트렌드 변화를 가져온 이유를 기술하시오.
(국내 렌털산업 중심으로)

2 렌털 성장 요인 및 유망 렌털 상품을 정리하여 기술하시오.

3 렌털사의 해외 진출의 목적은 무엇인지 기술하시오.

4 일본 렌털산업이 활성화 된 배경 3가지를 기술하시오.

"필요할 때만 사용할 수 있는 유연성은
소유의 부담을 넘어서는 새로운 자유를 준다."

"The flexibility to use only when needed
offers a new freedom
beyond the burden of ownership."

RENTAL

CHAPTER

5

재무회계

5-1 회계의 개념
5-2 회계감사
5-3 자산

5-1 회계의 개념

회계는 조직 또는 개인의 경제적 활동을 추적하고 기록하는 과정을 말하며, 이는 재무 상태와 재무성과에 관한 정보를 생성하고 관리하는 것을 말한다. 회계는 경영 의사 결정, 외부 보고 및 법적 요구를 충족하기 위해 중요한 도구로 사용된다. 회계의 주요 개념은 기록, 분류, 측정, 보고, 분석으로 나눌 수 있다.

<표-13 회계의 주요 개념>

구분	내용
기록	경제적 활동에 관련된 모든 거래를 정확히 기록하고, 이를 통해 자산, 부채, 자본, 수익 및 비용과 같은 재무 요소를 추적할 수 있다.
분류	기록된 정보는 유형에 따라 분류되고, 주요 회계 분류에는 자산, 부채, 자본, 수익 및 비용이 포함된다.
측정	회계는 거래와 사건의 금전적 가치를 측정한다. 이는 통화 단위로 표시되며, 종종 일반적으로 수용되는 회계 원칙에 따라 이루어진다.
보고	회계는 내부 및 외부 이해관계자에게 재무 정보를 제공하는데 사용된다. 이러한 보고는 재무제표를 통해 이루어지며, 주요한 재무제표에는 손익계산서, 대차대조표, 현금흐름표가 포함된다.
분석	회계 정보는 경영자나 이해관계자가 조직의 재정 상태와 성과를 평가하고 분석한다.

회계의 목적은 다음과 같다. 첫째, 투자 및 신용 의사 결정을 돕기 위한 유용한 정보를 제공하는 것이다. 둘째, 미래 현금 흐름을 예측하는 데 도움이 되는 정보를 제공하는 것이며, 셋째, 재무 상태, 경영 성과, 현금 흐름 및 자본 변동에 관한 유용한 정보를 제공하는 것이다. 마지막으로, 경영자의 수탁 책임을 평가하는 데 필요한 정보를 제공하는 것을 목표로 한다.

① 투자 및 신용 의사 결정에 유용한 정보의 제공
② 미래 현금 흐름 예측에 유용한 정보의 제공
③ 재무상태, 경영성과, 현금흐름 및 자본변동에 관한 유용한 정보의 제공
④ 경영자의 수탁책임평가에 유용한 정보의 제공

회계는 다양한 분야에서 활용되며, 각기 다른 목적에 따라 재무 회계, 관리 회계, 세무 회계 등으로 구분될 수 있다. 재무 회계는 외부 이해 관계자, 예를 들어 투자자와 채권자에게 회사의 재무 상태를 공정하게 전달하기 위해 작성된다. 반면, 관리 회계는 경영진이 내부 의사 결정을 내릴 수 있도록 구체적인 운영 정보와 예산 관리에 중점을 둔다. 세무 회계는 법적으로 요구되는 세금 관련 자료를 생성하고, 이를 통해 법적 규제 준수와 조세 부담 최적화를 목표로 한다.

이와 같은 회계의 다양한 분야는 각기 고유한 역할을 수행하며, 조직의 재무적 투명성과 효율성을 증진시키는 중요한 도구로 작용한다.

5-2 회계감사

회계감사는 기업이나 조직의 재무제표 및 금융 정보의 정확성, 타당성, 투명성을 평가하는 과정이다. 회계감사는 신뢰성 제고, 정보 투명성 확보, 법적 및 규정 준수 강화, 내부 통제 강화, 자금 조달 및 신용 향상 등 여러 가지 중요한 의미를 갖고 있다. 일반적으로 공인회계사(CPA)가 이 작업을 수행하며, 이를 통해 외부 정보이용자에게 제공되는 재무제표에 신뢰성을 부여하여 의사결정에 도움을 주는 사회적 역할을 한다.

개념체계에 정의된 재무제표 요소는 다음과 같다.
① 보고기업의 재무 상태와 관련된 자산, 부채 및 자본
② 보고기업의 재무성과와 관련된 수익(income) 및 비용

재무제표의 이러한 요소들은 기업의 재무 상태와 경영 성과를 명확하게 나타내기 위해 정해진 기준에 따라 작성된다. 자산, 부채, 자본은 재무제표에서 기업이 보유한 자산과 이를 운용하기 위해 필요한 재무적 자원 및 재정 상태를 나타내며, 수익과 비용은 일정 기간 동안 기업이 수행한 경영활동의 결과를 보여준다.

<표-14 재무제표의 요소>

구분	요소	정의 또는 내용
재무상태표	자산	과거 사건의 결과로 기업이 통제하는 현재의 경제적 자원, 경제적 자원은 경제적 효익을 창출할 잠재력을 지닌 권리
	부채	과거 사건의 결과로 기업의 경제적 자원을 이전해야 하는 현재의무
	자본	기업의 자산에서 모든 부채를 차감한 후의 잔여지분
포괄손익계산서	수익	자본의 증가를 가져오는 자산의 증가나 부채의 감소, 자본청구권 보유자의 출자와 관련된 것은 제외
	비용	자본의 감소를 가져오는 자산의 감소나 부채의 증가, 자본청구권 보유자에 대한 분배와 관련된 것은 제외
그 밖의 경제적 자원 및 청구권의 변동	-	자본청구권 보유자에 의한 출자와 그들에 대한 분배
	-	자본의 증가나 감소를 초래하지 않는 자산이나 부채의 교환

재무제표는 다양한 요소로 구성되며, 각각 기업의 재무 상태와 성과를 다각도로 반영한다. 재무상태표(또는 대차대조표)는 특정 시점에 기업이 보유한 경제적 자원(자산)과 그 자원에 대한 청구권(부채 및 자본)을 나타내는 보고서로, 기업의 재정 상태를 일목요연하게 보여준다. 이는 투자자와 채권자들이 기업의 재무 구조와 안정성을 평가하는 데 중요한 기초 자료가 된다.

포괄손익계산서는 일정 기간 동안 발생한 수익과 비용을 통해 기업의 경영 성과를 보여준다. 이 보고서는 수익에서 비용을 차감한 순이익 또는 총손익을 나타내어, 해당 기간 동안 기업이 실제로 얼마만큼의 이익을 실현했는지 파악할 수 있게 한다.

그 밖의 자본청구권 보유자에 의한 출자는 자본의 증가를, 분배는 자본의 감소를 의미한다. 예를 들어, 투자자에게 배당금을 지급하면 자본이 줄어들고, 신규 출자로 자본이 늘어난다. 자산이나 부채의 교환은 순자산에 영향을 주지 않는 거래로, 자본의 증감이 일어나지 않는다.

5-3 자산

자산이란 기업이 과거 사건의 결과로 현재 보유하거나 통제하고 있으며, 미래 경제적 효익이 기업에 유입될 것으로 기대되는 자원을 의미한다. 즉, 자산은 현금으로 전환될 수 있는 가치를 지닌 것을 정의하며, 크게 유동자산과 비유동자산으로 구분되고, 다음과 같이 세분화할 수 있다.

<표-15 유동자산과 비유동자산의 분류>

분류		내용	종류
유동자산	당좌자산	기업이 원할 경우 즉각적인 현금화가 쉬운 자산	현금, 당좌예금, 보통예금, 미수금, 선급금, 단기매매금융자산(단기매매증권), 단기대여금, 매출채권(외상매출금, 받을어음), 미수수익, 선급비용 등
유동자산	재고자산	유동자산 중에서 판매 과정을 통하여 현금화할 수 있는 자산	상품, 제품, 원재료, 제공품, 소모품 등
비유동자산	투자자산	기업 본래의 목적과는 무관하게 다른 기업을 지배하거나 통제할 목적 또는 장기간 이익을 얻을 목적으로 취득한 자산	만기보유금융자산(만기보유증권), 매도가능금융자산(매도가능증권), 장기금융상품, 정기 대여금 등

비유동자산	유형자산	장기간 영업 활동에 사용하기 위해 취득한 자산	토지, 건물, 비품, 차량운반구, 건설 중인 자산, 기계장치, 선박 등
	무형자산	물리적 형태는 없지만 법률적 권리 또는 경제적 가치가 있는 자산	산업재산권, 영업권, 컴퓨터 소프트웨어, 개발비, 프랜차이즈, 광업권, 어업권 등
	기타 비유동자산	투자자산, 유형자산, 무형자산에 속하지 않는 비유동자산	임차보증금, 장기매출채권, 장기미수금 등

가. 현금 및 현금성 자산

1) 현금

지폐나 주화 등의 통화 수단을 말하며, 회계에서의 현금은 통화대용증권도 포함한다. 현금의 종류로는 통화, 주화, 타인발행당좌수표, 자기앞수표, 우편환증서를 말하며, 그 외 일람출급어음, 가계수표, 송금수표, 송금환, 전신환 등을 포함할 수 있다.

2) 현금성 자산

만기가 3개월 이내에 큰 거래 비용 없이 현금화될 예정인 자산을 말한다. 환매 조건이 3개월 이내인 환매체, 취득 당시 상환일이 3개월 이내인 상환우선주, 만기가 3개월 이내인 채권 등을 말한다.

<표-16 현금 및 현금성 자산의 분류>

구분	내용
현금	통화, 타인발행수표, 송금환, 소액환증서, 온라인환증서, 전신환 등
보통예금	현금 입출금이 자유로운 유동성이 높은 예금
당좌예금	기업이 은행과 당좌계좌 계약을 맺고 현금을 입금·보관하고 필요시 당좌수표를 발행하여 현금을 인출하는 무이자 예금
현금성자산	수표, 통화대용 증권, 당좌예금, 보통예금

나. 부채

기업이 부담하고 있는 채무로서 화폐로 측정이 가능한 것이며, 후에 현금을 지급하여 상환하거나 다른 자산 또는 서비스를 제공하여 변제함을 말한다. 원칙적으로 결산일로부터 1년 기준이 적용되며, 유동부채는 1년 내 상환 기일이 도래하는 부채이고, 비유동부채는 1년 이후에 상환기일 도래하는 부채를 말한다.

<표-17 유동부채와 비유동부채의 분류>

분류		내용	종류
유동부채	매입채무	외상매입금	상품, 원재료 등 외상 구입 후 지급하진 않은 금액
		지급어음	자산을 구입하고 대금으로 발행한 약속어음
	금융채무	단기차입금	단기로 타인에게로부터 빌려온 금액
		미지급금	재고자산 이외의 자산을 구입 후 지급하지 않은 금액
		미지급비용	발생한 비용에 대해 아직 지급하지 않은 금액
	기타채무	선수금	상품을 판매하기로 하고 미리 받은 금액
		예수금	타인이 부담해야 할 금액을 일시적으로 보유한 금액
비유동부채	금융채무	사채(CP)	자금의 차입을 목적으로 기업이 발행한 채무증서
		신주인수권부사채(BW)	일정기간 후 신주를 받을 수 있는 권리가 보장된 채무증서
		장기차입금	장기로 타인에게로부터 빌려온 금액
	퇴직급여부채	퇴직금충당부채	임직원에게 향후 지급해야 할 퇴직금의 총금액
	기타부채	이연법인세부채	납부할 법인세가 발생한 법인세를 미달하는 금액

다. 자본

자본은 기업의 자산에서 부채총계를 차감한 잔여지분을 말한다. 순자산(Net Assets),

소유주지분(Owners' Equity), 주주지분 등으로 표현한다. 추가적으로 생산에 활용되는 공장, 건물, 창고, 임야 등도 자본에 포함되며, 생산과정에서 소비되는 재료 등은 자본에 포함하지 않는다.

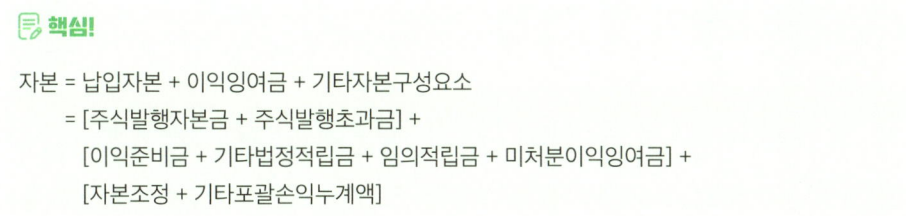

자본 = 납입자본 + 이익잉여금 + 기타자본구성요소
　　 = [주식발행자본금 + 주식발행초과금] +
　　　 [이익준비금 + 기타법정적립금 + 임의적립금 + 미처분이익잉여금] +
　　　 [자본조정 + 기타포괄손익누계액]

<그림-21 재무상태표의 기본구성>

1) 자본의 분류

① 자본금 : 기업을 설립할 때 투자자, 즉 주주들이 출자하는 금액을 기준으로 하여 계산한 일정한 액수를 말한다.

② 자본잉여금 : 주식에 의한 자본거래로부터 발생한 잉여금을 말한다. 자본잉여금은 주식발행초과금, 감자차익, 기타자본 잉여금으로 구분하여 표시 할 수 있다.

③ 자본조정 : 자본거래에 해당하지만 자본금 또는 자본잉여금으로 분류할 수 없는 항목과 당기에 손익으로 인식되지 않은 평가차손익의 누계액이다.

④ 이익잉여금 : 기업의 이익 중에서 기업이 배당금으로 배분하지 않고 재투자를 위해 보유하는 금액이다.

⑤ 기타포괄손익누계액 : 일정기간 동안 주주와의 자본거래를 제외한 모든 거래와 사건으로 발생한 모든 순자산(자본)의 변동인 포괄손익에서 당기항목을 제외한 항목을 말하는 것으로 보고기간 종료일 현재의 잔액이다.

라. 유형자산 및 무형자산

유형자산은 판매를 목적으로 하지 않으며, 재화의 생산, 용역의 제공 등 영업활동에 사용하기 위해 보유하는 물리적 실체가 있는 자산을 의미한다. 기업이 1년을 초과하여 장기적으로 사용할 것으로 예상되는 자산이다. 유형자산의 특징은 구체적인 형태를 가지고 있으며, 장기성 자산이자 비화폐성 자산을 의미한다.

<표-18 유형자산의 계정 분류>

구분	계정과목
유형자산	토지, 건물, 구축물, 기계장치, 건설 중인 자산, 차량운반구, 비품 및 기타의 유형자산

유형자산의 특징은 다음과 같다.
① 영업활동에 사용할 목적으로 보유하고 있는 자산
② 물리적 실체(형태)를 가지고 있는 자산
③ 장기성 자산, 비화폐성 자산

유형자산을 인식하기 위한 조건은 세 가지이다.
① 유형자산의 정의를 충족
② 자산으로부터 발생하는 미래 경제적 효익이 기업에 유입될 가능성이 높음.
③ 자산의 원가를 신뢰성 있게 측정할 수 있어야 함.

유형자산의 원가 구성은 구입가격과 관세 및 환급 불가능한 취득 관련 세금으로 이루어지며, 자산을 가동 가능한 상태로 만들기 위해 필요한 장소와 상태에 이르게 하는 데 직접 관련되는 원가가 포함된다.

① 구입가격 + 관세 및 환급 불가능한 취득 관련 세금
② 자산을 가동하는 데 필요한 장소, 상태에 이르게 하는데 직접 관련되는 원가

무형자산은 실제 눈에 보이지 않지만 경제적 효익이 존재하는 자산을 의미하며, 브랜드 가치(상표권), 기술력, 인적자원, 특허 등이 이에 해당한다. 물질적 실체(토지, 기계장비 등) 존재하는 유형자산과는 명확히 구분된다.

<표-19 무형자산의 유형>

유형	구성
시장 관련	상표, 상호, 브랜드명, 로고 등
고객 관련	고객명부, 고객계약, 고객관계, 주문잔고 등
계약 관련	우성공급계약, 라이센스 계약, 프랜차이즈 계약, 비경쟁 계약 등
위치 관련	임대계약, 지역권, 공중권, 수면권 등
영업권 관련	공공단체/전문직종/전문가/평판 관련 영업권, 계속기업가치 등
인적자본 관련	능숙하고 결집된 노동력, 고용계약, 노조계약 등
예술 관련	문학작품과 저작권, 음악작곡, 지도, 조각 등

기술 관련	공정특허, 특허적용, 실험노트 같은 기술서류, 기술적 노하우 등
자료처리 관련	컴퓨터 소프트웨어, 소프트웨어 저작권, 자동화된 데이터베이스
엔지니어링 관련	산업디자인, 제품특허, 거래비밀, 엔지니어링 도면/구성도, 설계도 등

무형자산의 특징은 다음과 같다.

① 영업활동에 장기간 이용할 목적으로 보유하는 자산

② 물리적 실체가 없는 자산

③ 대체적인 가치가 없는 자산

④ 비화폐성 자산

무형자산을 인식하기 위한 요건은 세 가지로 나눌 수 있다.

① 식별가능성

② 자원에 대한 통제

③ 미래경제적 효익의 존재

단원 핵심문제

1 회계의 주요 개념과 목적에 대해 설명하시오.

2 자본의 분류에 대해 제시어에 맞게 기술하시오.

- 자본금 :

- 자본잉여금 :

- 자본조정 :

- 이익잉여금 :

- 기타포괄손익누계액 :

3 유형자산의 특징에 대해 설명하시오.

4 무형자산의 개념을 설명하시오.

RENTAL

부록

참고자료

강나현 (2018), 일본에서 확산되고 있는 새로운 트렌드 - 구독경제, 한국무역협회 도쿄지부.

변미영 (2014), 렌털서비스 기업의 신뢰향상요인.

시사경제용어사전 검색 www.moef.go.kr, 기획재정부

소건영 (2009), "렌털의 법적 고찰",「사법행정」제50권 제12호, 한국사법행정학회.

안혜영 (2018), 소비트렌드 변화와 B2C 렌털시장 전망 4~7P, 렌털업 동향과 소비트렌드 분석에 따른 향후 전망, 하나금융경영연구소.

이진협 (2019), 렌털산업, 유안타증권.

임지희 (2021), 렌털 서비스의 품질, 가치, 만족도 및 추천 의도의 관계에 관한 연구, 석사졸업논문.

윤민섭·반도헌 (2014), "소비자 보호를 위한 리스관련 법제의 개선방안"「법학논총」제38권 1호.

윤창술, 송호신 (2016), 리스와 렌털의 정비를 위한 법정책의 개선방안.

정주희 (2021), 무형자산 전문 조사·평가기관 실태와 시사점, 한국부동산연구원.

조상훈, 백재승, 이종욱 (2019), 렌털산업, 모든 것을 빌려드립니다, 삼성증권.

최두영 (2008), 기업의 고객관계관리 프로세스가 경영 성과에 미치는 영향.

(2020), 세대별 온라인 소비 형태 변화와 시사점, 하나금융경영연구소.

한국회계기준원 재무보고를 위한 개념체계.

홍정아·최지현 (2015), 리스 및 렌털 용어와 소비자 보호 관련 쟁점, NARS 현안보고서 제274호, 국회입법조사처.

렌털 전문 관리사 자격시험 안내 및 예상문제

렌털 전문 관리사 자격시험 안내

렌털 전문 관리사(RSQ : Rental Specialist Qualification)란?

　렌털 상품별을 대여, 임대 및 고객 신용상황 등 관련된 업무를 종합적인 상황을 판단하여 개인 및 기업을 대상으로 렌털 업무추진을 담당하는 전문가를 말합니다.

(시험과목 및 문항 수, 배점)

구분	시간	시험과목	세부내용
1부	60분	기본개념 및 이해	· 렌털의 일반적 의미 · 렌털과 리스의 차이점 · 용어와 분류 · 상품 및 서비스의 이해 · 리스와 렌털의 법적 성질 및 근거법규
		고객관계관리와 서비스	· 고객관계관리 · 렌털 회사의 CRM 방법 · 고객 서비스 전략 및 고객의 개인정보관리
		마케팅	· 마케팅, 시장세분화 · 마케팅 믹스 · 제품수명주기 · 마케팅 사례
		렌털 산업 동향	· 국내동향 · 해외동향 및 사례
		재무회계	· 회계의 개념 · 자산의 종류 　(현금, 현금성자산, 부채, 자본, 유형자산, 무형자산)

렌털 전문 관리사 자격시험 예상문제

본 문제는 실제 RSQ(렌털 전문 관리사) 시험지와 유사하게 구성된 실전용입니다.
학습 후 실전처럼 문제를 푸시고 준비하시기 바랍니다.

<기본 개념 및 이해>

1. 렌털의 핵심적 가치가 아닌 것은 무엇인가?

① 구매 대신 임대 형태로 이용할 수 있다.
② 기간이 종료되면 물품을 반환하거나 구매할 수 있다.
③ 사용기간 이후 반납하여야 하며 고객이 자산으로 취득할 수 없다.
④ 사용기간 동안 일정한 비용을 수수할 수 있다.
⑤ 렌털은 민법과 상법상의 요건만 충족하면 누구나 설립이 가능하다.

정답과 해설

렌털(Rental)의 핵심적 가치는 장기적으로 소비재나 서비스를 사용하고자 할 때 구매 대신 임대 형태로 이용할 수 있으며, 사용기간 동안 일정한 비용을 수수하고, 기간이 종료되면 물품을 반환하거나 옵션을 선택하여 새로운 제품을 임대할 수 있다. 또한, 사용기간 이후 구매 형태에 따라 고객(기업, 개인)의 자산으로 취할 수도 있는 서비스업을 말한다.

③

2. 렌털 산업은 고객의 니즈와 사회적 변화에 맞춰 성장하고 있다. 이러한 성장동력이 될 수 있는 요인이 아닌 것은 무엇인가?

① 자원 소비의 증가
② 다양한 시장 세그먼트 성장
③ 기업 간 협업 및 파트너십
④ 기술의 발전과 혁신
⑤ 지속 가능한 소비 모델 개발

정답과 해설

렌털 산업은 기술의 발전 지속 가능한 소비 모델의 확대, 다양한 시장 세그먼트의 성장, 코로나 후 대응과 변화, 경쟁과 협업 등의 다양한 요인에 의해 성장하고 발전하였다.

①

3. 다음은 리스에 관한 내용이다. 리스에 대한 설명 중 틀린 것은 무엇인가?

① 리스 제공자는 각 리스를 금융리스와 운용리스로 분류한다.
② 금융리스는 계약기간 동안 사용권만을 가지며, 소유권은 리스사에 있다.
③ 금융리스는 대출금을 분할 상환하면서 사용 후 계약이 종료되면 잔가 결제 후 소유권이 이전된다.
④ 리스자산의 소유에 따른 위험과 보상의 대부분을 이전하지 않은 리스는 운용리스로 분류한다.
⑤ 리스는 어떤 물건을 타인에게 빌려주고 사용료를 받는 개념으로 민법상의 임대차를 의미한다.

정답과 해설

해당 내용은 운용리스에 대한 내용이다. 운용리스는 계약기간 동안 사용권만을 가지며, 소유권은 리스사에 있다.

②

4. 다음은 렌털과 리스의 차이점에 관한 내용이다. 빈칸에 순서대로 들어갈 숫자로 옳은 것은?

구분	렌털		리스	
	반환형	소유권 이전형	운용리스(렌털유사)	금융리스
법적 성질	임대차	임대차	(1)	당사자 간 비전형적 계약
적용 법규	민법 상 임대차 규정	(2)	민법 상 임대차 규정	(3)
소유권	(4)	계약 기간 동안은 렌트사업자, 계약 종료 시 소유권이 고객에게 이전	리스 사업자	리스 사업자
유지 및 관리	유지 및 관리서비스 有 (대여물품에 따라 차이)	유지 및 관리서비스 有 (대여물품에 따라 차이)	리스 업자는 유지 의무 리스 이용자는 관리 의무	리스 이용자가 유지, 관리 의무 모두 부담
중도 해지	중도해지 가능 (중도 해지 수수료 지급)	중도해지 가능 (중도 해지 수수료 지급)	중도해지 가능 (중도 해지 수수료 지급)	원칙적으로 금지 (예외적으로 중도 해지 시 리스 업자의 손해도 배상)

㉠ 임대차   ㉡ 상법 여신금융법 중 시설대여   ㉢ 민법 상 임대차 규정   ㉣ 렌트사업자

① ㉠ - ㉡ - ㉢ - ㉣
② ㉠ - ㉢ - ㉡ - ㉣
③ ㉠ - ㉣ - ㉢ - ㉡
④ ㉣ - ㉠ - ㉢ - ㉡
⑤ ㉠ - ㉡ - ㉣ - ㉢

정답과 해설

법적성질은 임대차, 적용법규는 민법 상 임대차 규정, 금융리스는 상법 여신금융법 중 시설대여, 소유권은 렌트 사업자에게 있다.

②

5. 다음은 리스의 법적 성질에 대한 내용이다. 옳은 것은 무엇인가?

① 운용리스는 금융리스보다 단기로 내용 연수의 일부로 기간이 정해지고, 언제든 중도 해지가 가능하다.

② 리스 물건의 유지관리 및 보수, 보험과 세금 등 제반 비용을 사용자가 부담한다.

③ 금융리스는 여신전문금융업법이 아닌 상법에만 적용된다.

④ 계약기간 동안 중도 해지가 불가한 경우가 많다.

⑤ 리스 물건의 멸실 등의 위험을 공급자가 부담한다.

정답과 해설

운용리스는 리스회사와 리스이용자로 구성된 2당사자 계약구조를 취한다. 리스회사와 리스 이용자 사이에 운용리스 계약만이 체결된다. 금융리스보다 단기로 내용연서의 일부 기간이 정해지고, 언제든 중도해지가 가능하다. 또한, 리스 물건의 멸실 등의 위험을 리스업자가 부담하고 리스 물건의 유지관리 및 보수, 보험과 세금 등 제반비용을 리스업자가 부담한다.

①

6. 다음은 렌탈의 법적 성질에 대한 내용이다. 옳은 것은 무엇인가?

① 렌탈은 여신전문금융업법에 적용된다.

② 렌탈 계약은 정형화된 임대차 형태의 계약을 취하고 있으며, 회사 자기 소유 물건에 대한 소유권을 가지고 있지 않다.

③ 렌탈의 법적 성질을 더 구체화하면 리스계약의 경우와 마찬가지로 임대차적 측면도 있고, 금융 소비대차적 성질도 함께 가지는 복합적인 성질의 계약이다.

④ 렌탈은 여신전문금융업법상의 임대차에 관한 조건을 변형한 일종의 특수임대차 계약이다.

⑤ 렌탈 물건의 유지관리 및 보수, 보험과 세금 등 제반 비용을 사용자가 부담한다.

정답과 해설

렌탈은 기계나 설비의 금융인 물적금융이라는 변형된 형태의 특성을 지니므로 오히려 민법상의 임대차에 관한 조건을 변형한 일종의 특수임대차계약이라 할 수 있다. 또한 렌탈이 법적 성질을 더 구체화하면 리스계약의 경우와 마찬가지로 임대차적인 측면도 있고, 금융 소비대차적 성질도 함께 가지는 복합적인 성질의 계약이다.

③

7. 다음은 금융리스와 운용리스의 차이점에 관한 내용이다. 빈칸에 순서대로 들어갈 내용으로 옳은 것은?

구분	금융리스	운용리스
리스 이용 목적	(1)	물건 사용
계약 성격	금융적 성격 + 임대차 계약	(2)
대상	특정 이용자	불특정 다수 이용자
리스 물건	-	범용기종 (자동차, 컴퓨터, 사진기, 장비 등)
기간	리스물건의 내용연수 상당 기간	리스 물건의 내용연수 일부 기간
계약 해지	(3)	가능 (수시 또는 일정 예고기간 둠)
책임	리스이용자는 리스료 지급, 리스물건 유지관리 책임	리스업자는 수선의무, 위험부담, 하자담보책임

① 금융 - 금융적 성격+임대차 계약 - 가능

② 물건 - 임대차 계약 - 불가

③ 물건 - 금융적 성격+임대차 계약 - 불가

④ 금융 - 임대차 계약 - 불가

⑤ 금융 - 임대차 계약 - 가능

🔍 정답과 해설

금융리스와 운용리스의 차이점에 대한 내용으로 리스이용 목적은 금융, 운용리스 계약 성격은 임대차 계약, 계약해지의 경우 불가하다이며, 금융-임대차 계약-불가 순으로 작성한다.

④

8. 국내 렌털 영역의 변화에 대한 내용이다. 1세대에 포함되는 물품 모두 고르시오.

① 냉장고　　　　② 안마의자　　　　③ 헬스케어 제품
④ 정수기　　　　⑤ 공기청정기

🔍 **정답과 해설**

국내 렌털 영역 변화에 대한 내용으로 1세대는 정수기, 공기청정기, 자동차가 포함되며, 2세대는 1세대를 포함하여 가전제품, 헬스케어 제품등이 있다. 3세대는 1, 2세대 제품을 포함하며 그 외의 모든 제품을 해당된다.

④, ⑤

9. 다음은 렌털 산업에 관한 내용이다. 렌털 산업이 성장하게 되는 이유가 아닌 것은 무엇인가?

① 경제 침체에 따른 소비악화
② 가족구성원 변화가 없어서
③ 제품 유행 주기가 짧아짐
④ 1인 가구 증가와 고령화 사회의 원인
⑤ 소비자의 소비패턴의 변화

🔍 **정답과 해설**

렌털 산업이 성장하게 된 이유는 경기 침체로 인해 개인의 경제적 능력이 제품의 빠른 유행 주기를 따라가기 어려워졌기 때문이다. 소유하는 것보다 사용하는 것이 더 중요해지면서 렌털 수요가 증가하고 있다. 또한, 1인 가구의 증가와 고령화로 인해 필수재를 구입하는 대신 필요한 기간 동안만 사용하는 경향이 늘어난 것도 주요 원인이다.

②

10. 다음은 리스와 렌탈의 차이점에 대한 내용이다. 적용 법규가 바르게 연결 되지 않은 것은 무엇인가?

① 반환형 렌털 - 민법 상 임대차 규정
② 소유권 이전형 렌털 - 민법 상 임대차 규정
③ 운용리스 - 여신금융전문업법, 민법 상 임대차 규정
④ 금융리스 - 상법, 여신금융전문업법 중 시설대여
⑤ 운용리스 - 민법 상 임대차 규정

정답과 해설

운용리스는 금융리스와 달리 상법에 구체적으로 운용리스를 명시한 실체 규정을 찾을 수 없다. 다만 법해석상 운용리스를 상법 제46조2호의 임대차와 동일하게 간주하고, 민법상 임대차 규정 제618조 내지 제653조를 근거로 하여 법적용을 받는 것이라 할 수 있다.

③

11. 다음 글은 리스와 렌털에 대한 내용이다. 내용을 보고 무엇을 설명하는지 답하시오.

- 계약기간 동안 사용권만 가지며, 소유권은 리스사에 있다.
- 「상법」 제46조2호의 임대차와 동일하게 간주하고, 「민법」상 임대차 규정 제618조 내지 제653조를 근거로 하여 법적용을 받는 것이라 할 수 있다.
- 물건의 멸실 등의 위험을 리스업자가 부담하고 리스 물건의 유지관리 및 보수, 보험과 세금 등 제반 비용을 리스업자가 부담한다.

① 금융리스　　　　② 렌털　　　　③ 렌털, 리스
④ 금융리스, 운용리스　　　　⑤ 운용리스

정답과 해설

운용리스는 금융리스와 달리 상법에 구체적으로 운용리스를 명시한 실체 규정을 찾을 수 없다. 다만 법해석상 운용리스를 상법 제46조2호의 임대차와 동일하게 간주하고, 민법상 임대차 규정 제618조 내지 제653조를 근거로 하여 법적용을 받는 것이라 할 수 있다. 금융리스는 여신전문금융업법, 렌털은 리스와 달리 상법상 그 성질과 근거 법규를 찾아볼 수 없다.

⑤

<고객관계관리(CRM)와 서비스>

12. CRM의 목적으로 틀린 것은 무엇인가?

① 효율적이고 개인화된 정보를 통한 맞춤형 마케팅 제공
② 여러 매체를 이용하여 고객과 관계 유지
③ 고객과의 관계 유지와 대응
④ 경쟁사 대비 우위를 점할 수 있는 전략
⑤ 일률적이며 단순 영업 위주의 일반적 관계

정답과 해설

CRM의 목적은 고객과 능동적 파트너 형성을 위해 여러 매체를 이용하여 관계 유지와 대응하여 경쟁사 대비 우위를 점할 수 있는 전략의 목적성이 있다. 단순 판매를 통한 고객관리에 해당하는 일률적이며 단순 영업 위주의 일반적 관계는 CRM의 목적이 아니다.

⑤

13. 다음은 CRM에 대한 내용이다. 고객 정보 수집의 올바른 세 가지 경로를 모두 고르시오.

과거와는 다르게 기업의 중심에서 고객 중심으로 환경이 변화되고 있으며, 이에 따라 적극적으로 고객밀착형 마케팅이 필요한 상황이다. 고객 중심의 비즈니스 모델의 변화는 기업의 사활이 걸려있는 문제이며, 고객정보를 효율적으로 수집하는가에 대해 고민해 봐야 할 것이다.

① 영업현장, 고객의 요청에 의해 직접적 접촉

② 동사무소

③ 인터넷 포털사이트

④ 회사에서 의도적으로 수집한 정보

⑤ 타 업종 연계로 수집

정답과 해설

고객정보 수집은 고객의 요청에 의해 직접적 접촉과 회사에서 의도적(마케팅)으로 수집하는 정보, 또는 타 업종 연계(고객 동의)로 수집된 것 이외 고객정보 유출 및 노출에 의해 수집해서는 안 된다.

①, ④, ⑤

14. 다음은 고객관리의 변화과정에 대한 내용이다. 시대별 고객 관계의 내용을 순서대로 나열된 것을 고르시오.

① 일방적 공급 - 고객만족도 측정 - 개별고객 쌍방향 의사소통 - 그룹화된 고객 일방적 관계

② 고객만족도 측정 - 그룹화된 고객일방적 관계 - 일방적 공급 - 개별고객 쌍방향 의사소통

③ 개별고객 쌍방향 의사소통 - 고객만족도 측정 - 일방적 공급 - 그룹화된 고객일방적 관계

④ 일방적 공급 - 고객만족도 측정 - 개별고객 쌍방향 의사소통 - 그룹화된 고객 일방적 관계

⑤ 일방적 공급 - 고객만족도측정 - 그룹화된 고객 일방적 관계 - 개별고객 쌍방향 의사소통

정답과 해설

고객관리의 변화 과정은 기업의 일방적 공급(배급), 고객만족도 측정 및 일방적 관계(판매), 그룹화된 일방적 관계(구매에이전트), 개별고객 쌍방향 의사소통(공동창조파트너) 순으로 정리 할 수 있다.

⑤

15. 서비스 만족도 조사에 대한 내용이다. 고객의 불만족스러운 요소를 파악하기 위한 내용으로 틀린 것은 무엇인가?

① 고객의 서비스 경험 분석과 상황별 대응 매뉴얼 작성
② 전사적 서비스 교육 프로그램 운영
③ 고객 요구사항을 파악하고 해결책 제공
④ 고객과의 소통 채널의 단순화
⑤ 고객이 피드백을 줄 수 있는 기회 제공

정답과 해설

고객의 서비스 만족을 높이기 위해 다양한 소통 채널을 구축해야한다. 이를 통해 경험 분석과 상황별 대응 매뉴얼 구축, 고객니즈 파악 및 해결책 제공하고 고객이 피드백을 줄 수 있는 기회를 제공하고 수집하여 반영 될 수 있도록 해야 한다.

④

16. 다음 내용은 개인정보의 종류에 대한 내용이다. 틀린 것은 무엇인가?

① 개인정보는 개인의 성명, 주민등록번호, 주소, 연락처만 해당된다.
② 개인정보는 인적사항과 신체적 정보과 재산 및 통신정보 등을 말한다.
③ 통신정보와 위치정보 및 취미 정보 또한 개인정보 영역에 포함된다.
④ 개인정보는 그 종류가 매우 다양하고 폭 또한 넓다.
⑤ 정치적 성향과 문화활동과 같은 내면의 비밀에 이르기까지 매우 다양하다.

정답과 해설

개인정보는 인적사항에 해당하는 성명, 주민번호, 주소, 연락처뿐만 아니라, 신체적 정보 얼굴, 홍채, 음성, 유전자정보 의료정보, 재산정보(소득정보, 신용정보, 부동산정보) 등이 포함된다.

①

17. 다음 내용은 개인정보 관리에 대한 내용이다. 맞는 것은 무엇인가?

① 고객 데이터 관리를 위해 모든 정보를 수집해야 한다.

② 고객 정보 데이터베이스를 윤리적으로 수집하고, 안전하게 관리해야 한다.

③ 불필요한 고객 데이터베이스도 많아질수록 활용하기 좋다.

④ 정보 수집 정책을 비공개로 하여 고객의 신뢰 구축과 사고 방지를 할 수 있다.

⑤ 정치적 성향과 문화 활동과 같은 내면의 비밀에 이르기까지 매우 다양하다.

🔍 **정답과 해설**

고객 정보 관리는 기업이 고객 데이터를 관리하기 위해 사용하는 전반적인 전략, 도구, 프로세스, 제품을 개선할 목적으로 고객 정보 데이터베이스를 윤리적으로 수집하고 안전하게 관리해야 한다. 엄격한 보안관리를 바탕으로 하여 고객의 신뢰를 구축할 수 있으며, 사고를 미연에 방지할 수 있다.

②

18. 다음 내용은 개인정보 유·노출에 대한 내용이다. 틀린 내용은 무엇인가?

① 개인정보 유출은 개인정보처리자의 통제를 상실하거나 관리범위를 벗어나 외부에 누출 또는 누설되는 모든 상태를 의미한다.

② 개인정보 노출은 인터넷상 개인정보를 누구든지 알아볼 수 있는 상태를 말한다.

③ PDF, JPG파일의 이미지 개인정보 또한 유·노출 되어 범죄에 악용될 수 있다.

④ 고의적인 행동으로 개인정보유출은 활용에 제한이 있어 범죄가 될 수 없다.

⑤ 관리자 부주의로 이메일 오발송과 검색엔진노출은 개인 정보 유·노출에 포함 된다.

🔍 **정답과 해설**

개인정보 유·노출에 따른 피해 사례에 있어 고의 유출은 다소 적은 비율이긴 하나, 그 목적성이 뚜렷한 활동으로 중대 범죄로, 경각심과 책임성 강화가 요구된다.

④

<마케팅>

19. 제품 및 서비스를 경쟁제품과 비교하여 유리한 위치를 차지하도록 하는 마케팅 기법은 무엇인가?

① 일대일마케팅　　② 포지셔닝　　③ 시장세분화
④ 관계마케팅　　　⑤ 표적시장 선정

🔍 **정답과 해설**

포지셔닝은 가장 흔히 사용되는 전략으로, 자사 제품과 경쟁제품을 비교하여 차별적인 속성과 특징을 통해 고객에게 차별성을 강조하는 마케팅 전략이다.

②

20. 마케팅 믹스는 기업이 제품 또는 서비스를 소비자에게 성공적으로 홍보하고 판매하기 위해 사용하는 다양한 요소를 말하며 전통적으로 4가지 요소로 구성되어 있다. 가장 많이 쓰이는 마케팅 믹스의 구성 요인(4P)가 아닌 것은 무엇인가?

① 제품　　　　　　② 가격　　　　③ 시장
④ 유통경로　　　　⑤ 홍보

🔍 **정답과 해설**

4P는 제품, 가격, 유통경로, 홍보이며 각각의 요소들이 독립적으로 작용하는 것이 아니며, 서로 연결되어 기업의 마케팅 전략을 구성한다. 각 요소의 적절한 조합은 하나의 총체적인 이미지를 구축하며, 이를 통해 기업의 제품이나 서비스가 고객에게 인식되고 판매까지 이루어지는 것이다. 4P를 잘 활용하여 마케팅을 구성하면, 기업의 경쟁력을 향상하는데 큰 역할을 하게 된다.

③

21. 시장세분화를 위한 고객의 행동분석적 요인이 아닌 것은 무엇인가?

① 편익
② 상표에 대한 애호(충성)도
③ 제품의 사용 및 활용정도
④ 제품 및 서비스에 대한 경험
⑤ 가족 생애주기

정답과 해설

시장 세분화 기준변수는 인구통계학적, 지리적, 심리분석적, 행위적(행동적)으로 구분할 수 있으며, 그중 행위적(행동적)변수는 사용여부, 사용률, 사용빈도, 태도, 상표충성도 등이 있으며, 가족생애주기는 인구통계학적으로 구분된다.

⑤

22. 세분시장을 결정할 때 고려해야 할 요인이 아닌 것은 무엇인가?

① 세분시장의 인지부조화
② 수익 및 성장의 잠재력
③ 세분시장에 대한 접근가능성의 정도
④ 세분시장 내 욕구의 동질성 정도와 세분시장 간 욕구의 상이성 정도
⑤ 시장세분화에 소요되는 비용

정답과 해설

세분시장을 결정할 때 고려해야할 요인은 세분시장의 규모, 소비자들의 구매력, 소비자에게 효과적으로 접근 가능 여부, 수익성이 있을 만큼의 시장규모 등이 있다. 시장세분화를 통해 고객들의 다양한 요구에 맞춘 제품과 서비스를 제공할 수 있다.

①

23. 마케팅 믹스의 4가지 요소 중 프로모션은 무엇에 해당하는지 답하시오.

| ① 제품 | ② 가격 | ③ 시장 |
| ④ 유통경로 | ⑤ 홍보 | |

정답과 해설

홍보(프로모션)의 가장 큰 목표는 제품이나 서비스를 소비자에게 널리 알리는 것이다. 소비자들이 시장에서 다른 제품보다 우리 회사 제품을 사용할 수 있도록 구매 결정할 때 중요한 요소가 된다. 프로모션에는 광고, 홍보, 마케팅전략, 마케팅 채널 등이 포함된다.

⑤

24. 다음은 제품수명주기에 대한 내용이다. 단계별 특징에 관한 설명 중 틀린 것은 무엇인가?

① 개발기에는 시장조사가 시작되고 제품이 출시하기 전에 콘셉트를 세부적으로 정의한다.
② 도입기에는 제품이 출시될 때를 말하며, 마케팅팀은 제품 인지도 형성, 목표시장에 진입하는 일에 주력한다.
③ 도입기에는 소비자가 제품을 수용하고 마케팅에서 전하는 메시지를 받아들인다.
④ 판매가 급속도로 증가하다 안정세에 접어들면 성숙기에 진입한 것이다.
⑤ 쇠퇴기에는 인기를 잃기 시작하고, 경쟁이 치열하며 경쟁사의 시장점유율이 증가하게 된다.

정답과 해설

- 개발기 : 제품 수명 주기의 첫 번째 단계로 시장조사가 시작되고 제품이 출시하기 전에 콘셉트부터 세부적으로 정의 제품을 테스트하고 출시 전략을 세운다.
- 도입기 : 제품이 출시될 때를 말하며 마케팅팀은 제품 인지도 형성, 목표시장에 진입하는 일에 주력한다.
- 성장기 : 소비자가 제품을 수용하고 마케팅에서 전하는 메시지를 받아들인다.
- 성숙기 : 판매가 급속도로 증가하다 안정세에 접어들면 성숙기에 진입한 것이다. 경쟁력을 유지하기 위해 가격인하를 단행 등을 진행한다.
- 쇠퇴기 : 제품이 시장에서 인기를 잃기 시작하면 마지막 단계로 진입된 것이며, 경쟁이 치열하고 경쟁사의 시장점유율도 증가되고 빼앗기게 된다.

③

25. 다음은 제품수명주기의 성숙기에 대한 내용이다. 설명 중 맞는 것은 무엇인가?

① 소비자들이 줄어들고 기술이 일반화 된다.
② 시장에 수많은 경쟁자가 존재하며, 시장은 거의 성장하지 않고 정체되어 간다.
③ 기존 제품에 확실한 차별화 포인트를 만들고 소비자에게 각인시킨다.
④ 기술이 일반화되고, 기존제품에 새로운 용도나 가치를 발견하려 한다.
⑤ 재투자를 통해 시장을 확대시키면서 잠재적인 경쟁자의 진입을 막는다.

정답과 해설

성숙기 : 판매가 급속도로 증가하다 안정세에 접어들면 성숙기에 진입한 것이다. 경쟁력을 유지하기 위해 가격인하를 단행 등을 진행한다.

②

26. 제품수명주기(5단계)를 순서대로 연결하시오.

㉠ 성숙기 ㉡ 개발기 ㉢ 성장기 ㉣ 쇠퇴기 ㉤ 도입기

① ㉠ - ㉡ - ㉢ - ㉣ - ㉤
② ㉠ - ㉣ - ㉡ - ㉢ - ㉤
③ ㉡ - ㉤ - ㉢ - ㉠ - ㉣
④ ㉣ - ㉠ - ㉢ - ㉡ - ㉤
⑤ ㉡ - ㉤ - ㉣ - ㉢ - ㉠

정답과 해설

제품수명주기는 제품이 개발기, 도입기, 성장기, 성숙기, 쇠퇴기의 5개 단계를 거치는 것을 말한다. 이 개념은 독일 경제학자 Theodore Levitt에 의해 개발되었으며, 오늘날까지 사용되고 있다.

③

<회계>

27. 다음은 회계의 주요 개념에 대한 내용이다. 무엇에 대한 내용인지 고르시오.

회계의 첫 단계로, 기업의 모든 경제적 거래를 일관된 방식으로 기록하는 것을 의미한다. 회계 장부에 정확하고 체계적으로 작성되며, 나중에 분석과 보고의 기초 자료로 활용된다.

① 분류　　　　　　② 측정　　　　　　③ 보고
④ 기록　　　　　　⑤ 분석

🔍 **정답과 해설**

회계의 주요 개념은 기록, 분류, 측정, 보고, 분석으로 나눌 수 있으며, 그중 기록은 경제적 활동에 관련된 모든 거래를 정확히 기록하고 이를 통해 자산, 부채, 자본, 수익 및 비용과 같은 재무 요소를 추적할 수 있는 주요 개념 중 하나이다.

④

28. 다음은 비유동자산에 대한 내용이다. 무엇에 대한 내용인지 고르시오.

물리적 형태는 없지만 기업에 경제적 가치를 제공하는 자산으로, 특허권, 상표권, 영업권 등이 포함된다. 이는 기업의 경쟁력을 높이고 장기적인 수익 창출에 기여한다.

① 투자자산　　　　　② 무형자산　　　　　③ 유형자산
④ 기타 비유동자산　　⑤ 재고자산

🔍 **정답과 해설**

무형자산은 실제 눈에 보이지 않지만 경제적 효익이 존재하는 자산을 의미하며, 산업재산권, 브랜드가치(상표권), 프랜차이즈, 기술력, 인적자원, 영업권 등이 이에 포함된다.

②

29. 다음 중 금융상품에 해당하는 것은?

㉠ 선급비용 ㉡ 대여금 ㉢ 매출채권 ㉣ 이연법인세자산 ㉤ 투자사채

① ㉠, ㉡, ㉣
② ㉡, ㉣, ㉤
③ ㉡, ㉢, ㉣
④ ㉠, ㉢, ㉤
⑤ ㉡, ㉢, ㉤

🔍 **정답과 해설**

선급비용은 미리 지불했으나 비용으로는 나중에 기록되는 기업의 미래 비용을 말하며 이연법인세자산은 당기 말에 차감하지 않고 미래에 경감하기로 늦춘 법인세 부담액을 일컫는 말이다.

⑤

30. 다음은 자본의 분류에 대한 내용이다. 무엇에 대한 내용인지 고르시오.

자본의 변동과 관련된 항목으로, 주식 발행과 자사주 매입 등으로 발생하는 손익을 반영하여 자본 계정에서 조정하는 항목이다. 자기주식, 주식발행초과금, 감자차손익 등이 포함된다.

① 자본금
② 자본조정
③ 자본잉여금
④ 이익잉여금
⑤ 기타포괄손익누계액

🔍 **정답과 해설**

- 자본금 : 기업을 설립할 때 투자자, 즉 주주들이 출자하는 금액을 기준으로 하여 계산하는 일정한 액수.
- 자본잉여금 : 주식에 의한 자본거래로부터 발생한 잉여금.
- 이익잉여금 : 기업의 이익 중에서 기업이 배당금으로 배분하지 않고 재투자를 위해 보유하는 금액.
- 기타포괄손익누계액 : 일정기간 동안 주주와의 자본거래를 제외한 모든 거래와 사건으로 발생한 모든 순자산의 변동인 포괄손익에서 당기 항목을 제외한 항목을 말한다.

②

31. 유형자산에 포함되지 않는 것은 무엇인가?

① 인적자본 ② 토지 ③ 기계장치
④ 건물 ⑤ 건설 중인 자산

🔍 **정답과 해설**

유형자산의 특징으로는 영업활동에 사용할 목적으로 보유하고 있는 자산이며, 물리적 실체를 가지고 있으며, 장기성 자산, 비화폐성 자산을 말한다.

예) 토지, 건물, 구축물, 기계장치, 건설 중인 자산, 비품 등

①

32. 무형자산의 특징이 아닌 것은 무엇인가?

① 영업활동에 장기간 이용할 목적으로 보유하는 자산
② 물리적 실체(형태)가 없는 자산
③ 물리적 실체(형태)를 가지고 있는 자산
④ 대체적인 가치가 없는 자산
⑤ 비화폐성 자산

🔍 **정답과 해설**

무형자산의 특징으로는 영업활동에 장기간 이용할 목적으로 보유한 자산, 물리적 실체가 없는 자산, 대체적인 가치가 없는 자산, 비화폐성 자산을 말한다.

예) 상표, 상호, 브랜드명, 로고, 고객명부, 저작권, 특허, 실험노트, 소프트웨어 설계도 산업디자인 등

①

<렌털 실무>

33. B2B렌털 구조를 순서대로 바르게 나열한 것을 고르시오.

㉠ 고객 (나이스 신용평가)	㉡ 보증보험 (개인정보동의)
㉢ 제조사 (공급사) 원견적서	㉣ 렌털사 (설치확인) 제조사 금액지급

① ㉠-㉡-㉢-㉣
② ㉠-㉣-㉡-㉢
③ ㉡-㉣-㉢-㉠
④ ㉢-㉠-㉡-㉣
⑤ ㉡-㉠-㉣-㉢

정답과 해설

제조사(공급사), 고객(신용평가), 보증보험(개인정보동의), 렌털사 제조사 금액 지급 순으로 나열할 수 있다.

④

34. 예를 보고 할부 솔루션 프로세스 6단계를 순서대로 기재하시오.

① 설치확인 및 대금지급	② 보증보험발행 및 결제	③ 렌털사에 렌털접수
④ 보증보험 심사	⑤ 서류확인 및 검토	⑥ 고객으로부터 접수

( ) → ( ) → ( ) → ( ) → ( ) → ( )

정답과 해설

할부 솔루션 프로세스는 고객 접수, 렌털 접수, 서류 확인 및 검토, 보증보험 심사, 보증보험발행 및 결제, 설치확인 및 대금지급 순으로 진행된다.

⑥-③-⑤-④-②-①

35. B2B 렌털이 가능한 제품을 모두 고르시오.

㉠ 시스템에어컨	㉡ 엘리베이터	㉢ 카라반(번호판부착)
㉣ 스크린골프시스템	㉤ 인테리어	㉥ 경유지게차(번호판미부착)
㉦ 복권키오스크	㉧ 프로그램	㉨ 간판

(   )

정답과 해설

B2B 렌털이 가능한 제품으로는 시스템에어컨, 경유지게차(번호판 미부착), 복권키오스크, 간판 등이 있다.

㉠, ㉥, ㉦, ㉨

렌털 서비스에 필요한 경제금융용어

가산금리

대출이나 채권 등 금융상품에서 사용되는 용어로 기준금리에 신용도에 따라 달리 덧붙이는 금리를 가산금리라고 한다. 즉 대출 등의 금리를 정할 때 기준금리에 덧붙이는 위험 가중 금리를 말한다. 통상 신용도가 높으면 가산금리가 낮고, 신용도가 낮으면 가산금리(Spread)는 높아진다.

개인워크아웃

신용카드대금이나 대출원리금이 90일 이상 연체된 경우 채무감면, 상환기간 연장 등을 통해 금융채불이행정보 해제나 안정적 채무상환을 지원하는 제도이다.

결제리스크

거래 당사자 간의 금융거래가 예정대로 결제가 이루어지지 않을 가능성과 그로 인하여 야기되는 손실발생 가능성으로 말할 수 있다. 결제리스크의 크기는 금융거래 규모와 결제 소요기간에 의해 결정된다. 결제리스크의 유형으로는 신용리스크, 유동성리스크 및 시스템리스와 같은 금융리스크와 위·변조리스크, 운영리스크와 같은 비금융리스크로 구분된다.

경제심리지수

경제심리는 민간(기업, 가계)의 생산, 투자, 고용, 소비 등 총체적 경제활동에 대한 심리 상태를 뜻하며, 기업경기실사지수(BSI)와 소비자동향지수(CSI)가 대표적이다.

고객확인철자(KYC)

고객확인절차(KYC; Know Your Customer)는 금융기관이 고객의 신원을 확인하고 식별하는 업무 과정을 뜻한다. 간단히 말해 '본인인증'이라 할 수 있으며, 국가마다 규정이 다르지만 금융 활동 시 금융실명제에 따라 신원확인 과정이다. 이 목적은 주로 고객이 자금세탁, 테러자금조달 등의 범죄에 악용되는 것을 예방하는 것이다.

규제샌드박스

규제샌드박스(Regulatory Sandbox)란 아이들이 자유롭게 뛰어 노는 모래놀이터처럼 신기술, 신산업 분야에서 새로운 제품, 서비스를 내놓을 때 일정기간 동안 또는 일정지역 내에서 기존의 규제를 면제 또는 유예시켜주는 제도이다. 이 제도는 핀테크 산업 육성을 위해 '16년 영국에서 처음 도입하였으며, 4차 산업혁명에 따른 기술혁신으로 인해 신기술을 규제제약 없이 실증하고 사업화할 수 있는 기업 환경을 조성하는 것이 중요하고, 기존의 제도와 규제개혁조치로는 신속한 대응이 곤란하여 도입하게 되었다. 특히, 규제특례를 통한 지역의 신사업 창출로 국가균형발전을 지향하는 '한국형 규제샌드박스' 제도의 도입이 필요하게 되었다.

금융 하부구조

금융거래에 있어 필요한 모든 요인을 의미하며, 지급결제시스템, 신용평가제도, 주식시장, 선물시장 등과 같이 금융거래가 원활하게 이루어질 수 있도록 지원하는 각종 제도적 장치 및 기관을 의미한다.

기업 대 소비자 간의 거래(B2C)

기업 대 소비자간(B2C) 영업을 총칭하는 말이며, 제품이나 서비스를 직접 사용하는 소비자에게 판매가 이루어지는 방식이다. B2C 영업은 상대적으로 넓은 소비자층과 시장을 대상으로 하여 세분화된 고객 접근과 직접적인 커뮤니케이션이 요구된다.

기업 대 기업 간의 거래(B2B)

기업 대 기업(B2B) 간의 거래를 위한 영업방식을 말하며, 일반적으로 B2B 사업자는 다른 사업자에게 직접 상품 및 서비스를 판매한다. 여기에는 제조업에서 소비자에 이르기까지 모든 것이 포함될 수 있다.

기업 대 정부기관 간의 거래(B2G)

기업과 정부기관 간(B2G) 영업은 정부가 조달 예정 상품을 가상상점에 공시하고, 기업들은 가상상점을 통해서 공급할 상품을 확인하고, 거래를 성사시키는 일련의 과정을 인터넷을 통해 처리하는 것이다. 전자정부 구현을 위해 인프라 구축과 주요 공공정보자료에 대한 문서 공증에 따른 정보보호 효과는 물론, EDI, GALS 등의 정보기술을 응용하여 업무의 효율을 증가시킬 뿐만 아니라 투명한 거래를 촉진시키는 부수적인 효과도 있다.

기저효과

경제지표를 평가하는 과정에서 기준시점과 비교시점의 상대적인 수치에 따라 그 결과에 큰 차이가 나타나는 현상. 호황기의 경제상황을 기준시점으로 현재의 경제상황을 비교할 경우, 경제지표는 실제 상황보다 위축된 모습을 보인다. 반면, 불황기의 경제상황을 기준시점으로 비교하면, 경제지표가 실제보다 부풀려져 나타날 수 있다.

기축통화

국제외환시장에서 금융거래 또는 국제결재의 중심이 되는 통화. 대표적으로 미국 달러가 이에 속한다. 기축통화로서 기능을 수행하기 위해서는 군사적으로 지도적인 입장에 있어 전쟁으로 국가의 존립이 문제시 되지 않아야 하며, 기축통화 발행국은 다양한 재화나 서비스를 생산하고, 통화가치가 안정적이며, 고도로 발달한 외환시장과 금융·자본시장을 갖고 있어야 하며, 대외거래에 대한 규제도 없어야 한다.

낙수효과

대기업이나 고소득층 등 선도 부문이 성장하면 이들의 성과가 연관부문으로 확산됨으로써 경제 전체가 성장한다는 이론이다. 컵을 피라미드같이 층층이 쌓아 놓고 맨 꼭대기의 컵에 물을 부으면, 제일 위의 컵에 흘러들어간 물이 다 찬 뒤에 넘쳐서 아래 컵으로 자연스럽게 내려가는 현상에 빗대어 경제성장원리를 제시한 이론이다.

납부자 자동이체

입금을 하려는 자가 자신의 계좌에서 매월 일정한 날짜와 금액을 인출할 자신의 계좌와 입금할 계좌를 미리 설정하면 신청한 날짜에 자동으로 이체가 된다.

도덕적 해이

쌍방 간의 계약이 이루어진 이후 정보의 비대칭성 때문에 서로에 대한 의무를 소홀히 하는 현상. 미국에서 보험가입자들의 부도덕한 행위를 가리키는 말로 사용되기 시작했다. 윤리적으로나 법적으로 자신이 해야 할 최선의 의무를 다하지 않은 행위를 나타내는데, 법 또는 제도적 허점을 이용하거나 자기 책임을 소홀히 하는 행동을 포괄하는 용어로 확대됐다.

만기일시상환

대출 기간 동안 원금에 대한 이자만 매월 납부하고, 원금은 만기일에 일시 상환하는 것을 말하며, 만기일에 원리금(원금+이자)전액 출금 가능한 잔액이 없는 경우 자동 출금되지 않는다.

모기지 대출

주택이나 부동산을 구매하기 위해 금융기관이나 은행으로부터 대출을 받는 것을 말한다. 대출받는 사람은 주택이나 부동산을 담보로 대출금을 상환하게 되며, 상환하지 않을 경우 담보물을 매각하여 회수할 수 있다.

부채비율

부자기자본과 타인자본을 말한다. 부채총액을 자기 자본으로 나눈 수치를 백분율로 표시한 것이다. 차입금, 회사채, 매입채무, 미지급금, 부채성충당금 등을 타인자본이라 하며, 1년 이내에 지급기일이 도래하는 부채는 유동부채, 1년 이후에 지급기일이 도래하는 부채는 비유동부채이다.

부채비율 = (유동부채 + 비유동부채) / 자기자본 × 100

비매지수

전 세계 맥도날드 매장에서 팔리고 있는 빅맥 햄버거 가격을 달러로 환산한 금액을 말한다. 이는 서로 다른 국가들에서 팔리고 있는 제품을 하나의 통화로 가격을 표시한다. 영국 이코노미스트에서 처음 고안하여 매년 가격을 비교하여 발표하고 있다.

상대적빈곤율

전체 인구에서 빈곤 위험에 처한 인구의 비율로서 처분 가능 소득이 중위 소득의 50%보다 낮은 사람이 전체 인구에서 차지하는 비율로 계산한다. 여기에서 중위 소득은 소득의 크기순으로 사람들을 세웠을 때 정확히 중간에 있는 사람의 소득을 말한다. 만일 어느 나라의 중위 소득이 100만 원일 때 상대적 빈곤율은 중위 소득의 50%인 50만 원보다 소득이 낮은 사람들이 전체 인구에서 차지하는 비율로 계산한다.

생산자물가지수

생산자들이 판매하는 제품들의 가격수준을 측정하는 지표. 국내에서 생산하여 국내시장에 출하되는 모든 재화와 서비스요금(부가가치세를 제외한 공장도 가격)의 변동을 측정하기 위해 작성한다. 소비자물가지수보다 범위가 넓기 때문에 국가 전체의 물가추이를 측정하는 데 이용된다.

선물거래

장래 일정 시점에 미리 정한 가격으로 매매할 것을 현재 시점에서 약정하는 거래로, 미래의 가치를 사고 파는 것이다. 선물의 가치가 현물시장에서 운용되는 기초자산(채권, 외환, 주식 등)의 가격 변동에 의해 파생적으로 결정되는 파생상품(derivatives) 거래의 일종이다. 미리 정한 가격으로 매매를 약속한 것이기 때문에 가격변동 위험의 회피가 가능하다는 특징이 있다. 위험회피를 목적으로 출발하였으나, 고도의 첨단금융기법을 이용, 위험을 능동적으로 받아들임으로써 오히려 고수익·고위험 투자상품으로 발전했다.

선취율

대출시 대출금에 대한 이자를 먼저 납입금을 백분율로 하는 것을 말함. 방법을 말하며, 기업 대출 시 이용된다.

어음관리계좌(CMA)

어음관리계좌(CMA; Cash Management Account)는 고객의 수탁금을 운용하고 내가 신경 쓰지 않아도 자동으로 국공채, 어음 등 단기금융상품에 매일 투자가 된다. 적용 수익률에 따라 이자를 지급하는 예금 상품을 말한다.

워크아웃

기업의 재무구조 개선작업으로 부실기업의 회생을 위한 각종 구조조정과 경영혁신 활동을 의미한다. 워크아웃의 수단으로는 부채에 대해 지급 유예기간을 두는 방법과 이자나 부채를 삭감하는 방법 등이 있다.

원금균등분할상환

원리금(대출 원금과 이자를 합한 돈)을 만기일까지 1/n 하여 균등하게 나누어 갚는 방식을 말한다. 상환금액이 매월 동일하기 때문에 수입이 고정된 직장인이라면 예산 관리에 있어서 계획적인 자금 운용이 가능하다는 것이 장점이다.

자기자본비율

총자본 중에서 자기자본이 차지하는 비중을 나타내는 표로 기업 재무구조의 건전성을 가늠하는 대표적인 지표이다. 자기자본은 직접적인 금융비용을 부담하지 않고 기업이 장기적으로 운용할 수 있는 안정된 자본이므로 이 비율이 높을수록 기업의 재무구조가 건전하다고 할 수 있다.
(자기자본비율 = 자기자본/총자본 × 100)

전환사채(CB)

사채로 발행되었으나 일정한 기간이 지나면 사채권자의 청구가 있을 때 미리 결정된 조건대로 발행회사의 주식으로 전환할 수 있는 특약을 지닌 사채를 말한다. 전환사채는 주식과 같이 가격이 변동하므로 사채권자는 이자 외에 가격상승의 이익을 얻을 수 있다. 전환사채를 발행하려면 정관 또는 정관 변경의 특별결의서로서 전환의 조건, 전환으로 인하여 발행할 주식의 내용, 전환을 청구할 수 있는 기간 등을 정해야 한다. 전환사채의 발행 방식은 다른 증권과 마찬가지로 공모와 사모로 구분된다. 공모란 인수단이 구성되어 증권을 인수한 후 불특정 다수의 투자자에게 판매하는 방식으로 거래소 상장, 신고서 및 사업설명서 제출 등 법적 장치를 수반함으로써 발행에 관한 제반사항이 투자자에게 신속히 전달된다. 이에 반해 사모는 특정 소수의 기관을 대상으로 모집함으로써 일반투자자는 투자참여 및 발행정보 공유에서 배제된다.

제로금리정책

단기금리를 사실상 0%에 가깝게 만드는 정책. 명목이자율이 0%가 아니라 실질이자율이 0%에 가깝다는 의미이다. 이와 같은 초저금리는 고비용 구조를 해소하고 국가경쟁력을 높이며 소비촉진을 통해 경기침체 가능성을 줄여준다는 이점이 있다. 반면에 노년층 등 이자소득자들의 장래가 불안해짐에 따라 중·장년층을 중심으로 소비가 위축될 수 있고 부동산투기, 주택가격 폭등 등 자산버블이 우려되며, 근로의욕을 저하시킬 수도 있다.

지적소유권

인간의 지적 창조물 중에서 법으로 보호할 만한 가치가 있는 것들에 법이 부여한 권리이다. 즉, 사람의 정신적 창작물이나 연구결과 또는 창작된 방법을 인정하는 독점적 권리로서 무형재산권이다. 지적재산권은 저작권과 산업재산권으로 대별된다. 저작권은 문학적 또는 미술적 저작물에 대한 권리이다. 산업재산권은 산업적·영업적 재산권을 말한다. 산업재산권은 기술적 아이디어나 창작에 대한 특허권, 공산품의 외형에 대한 의장권, 타인의 상품과 식별력을 가지는 상징에 대한 상표권 등으로 세분된다. 산업재산권은 새로운 발명·고안에 대하여 창작자에게 일정기간 동안 배타적 권리를 부여하는 대신, 이를 일반에게 공개하여야 하며 일정 기간이 지나면 누구나 이용·실시하도록 함으로써 기술진보와 산업발전을 추구하고 있다. 지적재산권은 시장에서 독점적 지위 확보가 가능하고, 특허와 관련한 분쟁을 예방할 수 있으며, 막대한 기술개발 투자비를 회수할 수 있는 확실한 수단이며, 확보된 권리를 바탕으로 추가 응용 기술개발이 가능하다는 이유 등으로 중요성이 강조되고 있다.

지주회사

일반적으로 주식을 소유함으로써 다른 회사의 사업 활동을 지배 또는 관리하는 회사이다. 여기서 다른 회사의 사업 활동을 지배, 관리한다는 것은 다른 회사의 사업 활동의 주요사항에 관하여 간섭하고, 그에 관한 결정에 영향력을 행사한다는 것을 의미한다.

총부채상환비율(DTI)

DTI는 주택담보대출의 연간원리금 상환액과 기타 부채의 연간이자 상환액의 합을 연소득으로 나눈 비율을 말한다. DTI는 차입자의 총급여소득(자영업자의 경우 사업소득)을 감안하여 대출한도를 정하는 제도로, 소득에 따라 차입자의 대출 규모를 제한하는 제도이다. 예를 들어 DTI가 40%라면 대출원리금 상환액과 기존의 부채이자 상환액을 합친 금액이 연간소득의 40%를 넘지 못하도록 대출 한도를 규제하는 것이다.

총부채원리금상환비율(DSR)

개인이 받은 모든 대출 원리금을 포함한 총대출 상환액이 연간 소득액에서 차지하는 비중을 말한다. 연소득의 해당 퍼센트 이상의 원리금 상환에 쓸 수 없다.

할인율

돈의 가치는 시간의 흐름에 따라 인플레이션 등에 의해 변화되는데, 할인율이란 미래의 가치를 현재의 가치와 같게 하는 비율이다. 이에 반해 수익률은 현재 가치에 대해 발생하는 미래가치의 비율을 말한다. 그러므로 통상 이자율이 올라가면 나중에 더 많은 수익을 얻기 때문에 수익률이 높아지며 미래가치를 현재 가치와 일치시키는 비율도 높아지기 때문에 할인율도 상승하게 된다. 채권 수익률은 대표적인 할인율 개념이다. 그러므로 채권 수익률이 낮아진다면 앞으로 받을 현금의 현재 가치가 높아진 것이므로 채권 가격은 올라가게 된다. 이와 같이 채권 가격은 채권 수익률과 반비례 관계에 있다.

후취율

대출을 받고 대출금을 사용한 후 이자를 납입하는 방식으로 주로 1개월 단위로 이자를 납입하며 가계대출에서 많이 적용된다.

BIS 자기자본비율

총자산 중에서 자기자본이 차지하는 비중을 나타내는 지표로 기업 재무구조의 건전성을 가늠하는 지표를 말한다. 자기자본은 직접적인 금융비용을 부담하지 않고 기업이 장기적으로 운용할 수 있는 안정된 자본이므로 이 비율이 높을수록 재무구조가 건전하다고 할 수 있다.

J커브효과

이론적으로 환율이 상승할 경우 수출은 늘어나고 수입은 줄어들어 경상수지가 개선된다. 그러나 현실에서는 초기에 경상수지가 악화되다가 어느 정도의 시간이 지난 후에야 경상수지가 개선되는 효과가 나타나는데, 이를 J커브효과라고 한다.

P2P대출

인터넷상에서 온라인 플랫폼을 통해 개인 투자자가 대출 신청자에게 전통적인 금융기관을 거치지 않고 직접 대출을 제공할 수 있도록 연결해주는 서비스를 의미한다. 이 서비스는 2005년 영국의 조파닷컴(zopa.com)이 처음 시작하였다. 대출 서비스가 온라인으로 이루어지기 때문에, 전통적인 금융기관에 비해 간접비와 운영비가 적다는 장점이 있다. 그 결과, 채권자들은 예금이나 적금과 같은 은행 상품에 투자하는 것보다 높은 수익률을 얻을 수 있고, 채무자들은 보다 낮은 이율로 대출을 받을 수 있다. 일반적으로 P2P 대출 회사는 채권자와 채무자를 연결하는 중개 수수료와 채무자의 신용등급 확인 서비스에서 수익을 창출한다.

VAN사업자

카드사와 가맹점 사이의 다리를 놓아 주고 신용카드의 승인 및 조회 서비스를 돕는 대가로 수수료를 카드사로부터 받는다. 한국에서는 1991년부터 정보검색 및 정보처리는 물론 전자사서함, 전자정보교환 등의 정보교환서비스까지 제공하는 부가가치통신망을 전면 개방했다.

렌탈 표준 약관 및 계약서

○○○임대차(렌탈) 표준약관

공정거래위원회

표준약관 제10052호
(2019. 11. 15. 개정)

☐ **필수기재사항(공통)**

- 계약의 당사자의 성명(상호).주소(전자우편주소).전화번호(팩스)
  - ○○○ 임대인(방문사원 등 해당 영업사원이 계약을 직접 체결하는 경우에는 이들도 포함합니다. 이하 '갑'이라 합니다) :
  - ○○○ 임차인(이하 '을'이라 합니다) :
- ○○○의 상품명 및 종류 :
- ○○○의 인도시기 및 장소 :
- 대금액(설치등록비 기타 을의 추가부담사항 포함합니다) 및 지급방법 :
- 계약금(현금가격의 10 %를 넘지 않는 범위 내) :
- ○○○ 임대(렌탈)기간
- ○○○의 유지관리 등 관리에 관한 사항
- 계약해제·해지의 요건.효과 및 그 행사의 방법(서식) : (요건.효과는 약관해당조항 인용 可)
- 계약 일시

- 소비자 피해보상.재화 등에 대한 불만 및 소비자와 사업자 사이의 분쟁처리에 관한 사항 :
- 당사자의 특약사항 :

□ **할부거래시 추가기재사항**
- 신용제공자(매도인.매수인과의 약정에 따라 목적물의 대금을 충당하기 위하여 매수인에게 신용을 제공하는 자)의 성명.주소 :
- 현금가격(할부계약에 의하지 아니할 때 지급하여야 할 대금전액) :
- 할부가격(총액) :
- 각 할부금의 금액. 지급회수. 지급시기 :
- 할부수수료의 실제연간요율 :
- 청약 철회권의 행사요건 및 효과, 행사방법(서식) : (약관해당조항 인용 可)
- 「할부거래에 관한 법률」제16조에 따른 소비자의 항변권과 행사방법에 관한 사항

□ **방문·전화권유·사업권유·다단계방식에 의한 계약 체결시 추가기재사항**
- ○○○의 교환·반품·수리보증 및 그 대금 환불의 조건과 절차(특약 포함) :
- 청약 철회권의 행사요건 및 효과, 행사방법(서식) : (약관해당조항 인용 可)

약 관(계약내용)

이 계약의 내용을 증명하기 위하여 계약서 2통을 작성하여 '갑'과 '을'이 각 1통씩 보관합니다.

제1조(목적) 이 약관은 ○○○ 임대업자(이하 "갑")와 ○○○를 임차한 자(이하 "을") 사이에 체결된 ○○○ 임대차 계약상의 권리.의무에 관한 사항을 규정함을 목적으로 합니다.

제2조(약관의 명시.설명의무) 갑은 계약 체결시 이 약관을 을에게 명시하고 다음 각 호의 규정을 을이 이해할 수 있도록 설명합니다.

    1. ○○○의 종류 및 인도(설치)시기.장소, 임대차기간 등의 기타 계약사항
    2. ○○○의 유지관리 등 관리에 관한 사항
    3. 을이 부담하는 임대료 기타 비용(명칭불문)과 그 지급시기.방법.반환요건
    4. 이 약관 제6조 내지 제10조

제3조(임대차기간)

  ① 갑이 을에게 ○○○를 인도.설치하여 정상적인 사용이 가능하게 된 일자부터 임대차기간이 개시됩니다.

② 본 임대차 계약의 총 계약기간은 (년/월)으로 하되, 을의 최소 의무사용 기간은 (년/월)으로 정할 수 있습니다.

제4조(○○○의 인도 및 설치, 철거)

① 갑은 을이 요청하는 장소에 ○○○를 인도하여 정상적인 사용이 가능하도록 설치합니다.

② 전항에 따라 소요되는 운송 및 설치에 따른 비용은 갑의 부담으로 합니다.

③ 통상의 설치비용 외(외벽공사 등)에 추가비용은 을의 부담으로 합니다

④ 임대차가 종료된 후 ○○○의 철거비용은 갑의 부담으로 합니다. 다만 을의 사정으로 임대차가 종료된 경우에는 을의 부담으로 합니다.

제5조(등록비 등) 갑은 ○○○의 설치 후에 판매가격의 10%를 넘지 않는 범위 내에서 등록비 또는 보증금을 을에게 요구할 수 있습니다.

제6조(철회권 또는 해제권)

① 을은 ○○○를 설치한 날로부터 14일 이내에 서면으로 계약의 해제 또는 청약의 철회(이하 '청약철회'라 합니다)를 할 수 있습니다. 다만, 을에게 책임 있는 사유로 ○○○가 멸실 또는 훼손된 경우에는 그러하지 아니합니다.

② 갑과 을이 방문판매등에관한법률(이하 '방문판매법'이라 합니다)의 적용을 받는 방문판매 또는 전화권유판매, 다단계판매에 의하여 계약을 체결하였으나 ○○○의 내용이 표시.광고의 내용과 다르거나 계약내용과 다르게 이행된 경우에는 ○○○를 설치한 날로부터 3월 이내, 그 사실을 안 날 또는 알 수 있었던 날로부터

30일 이내에 청약철회를 할 수 있습니다.

③ 제1항, 제2항의 경우 그 효력은 서면을 발송한 날로부터 발생하며, 갑은 설치한 ○○○를 반환받은 날로부터 3영업일 이내에 이미 지급 받은 대금을 을에게 환급합니다.

④ 제1항에 의한 ○○○ 철거 및 운반에 필요한 비용은 갑이 부담합니다.

⑤ 철회권 행사의 요건, 방법 및 효력에 관한 기타 사항은 할부거래에관한법률(이하 '할부거래법'이라 한다) 및 방문판매법의 각 규정에 의합니다

제7조(○○○의 사용, 보관 및 유지)

① 갑은 계약기간 중 을이 ○○○를 사용하기 위하여 필요한 상태를 유지시켜야 합니다.

② 을은 ○○○를 통상적인 용도에 따라 사용하고, 선량한 관리자의 주의로써 관리하여야 합니다.

③ 을이 ○○○를 타인에게 양도, 전대, 개조하거나 계약서에 기재된 설치장소 이외의 다른 장소로 이전하고자 하는 경우에는 갑의 사전동의를 얻어야 합니다. 단, 갑과 을이 이에 대한 별도의 약정을 한 경우에는 그에 따릅니다.

④ 을은 ○○○에 부착된 갑의 소유권표지, 기타 표지 등을 제거, 손상시키지 아니합니다.

제8조(관리의무 및 담보책임)

① 갑은 을이 사용하는 ○○○를 연 (   )회 이상 점검합니다.

② 을의 책임 없는 사유로 인하여 ○○○가 고장.훼손된 경우에는 을은 갑에게 일정한 기간을 정하여 무상으로 수리 및 부품교환을 요청할 수 있으며 발생한 손해에 대한 배상을 청구할 수 있습니다. 다만, 을에게 책임 있는 사유로 발생한 ○○○가 고장.훼손된 경우에는 을은 자신의 비용으로 갑에게 수리 및 부품교환을 요청할 수 있을 뿐입니다.

③ 기타 ○○○의 담보책임에 대해서는 민법 등 해당 관계 법령 및『소비자분쟁해결기준』(공정거래위원회 고시)의 해결기준에 따릅니다.

제9조(○○○의 변경 등)

① 임대차기간 중 을의 사정으로 ○○○를 변경하여 재설치를 하는 경우에는 갑은 별도의 설치비를 청구할 수 있으며, 의무사용기간 이내의 경우에는 제10조 제2항의 위약금을 아울러 청구할 수 있습니다. 그러나 갑의 귀책사유 및 제품의 하자로 인한 ○○○ 변경은 그러하지 아니합니다.

② 임대차기간 중 을의 사정으로 ○○○를 변경하여 재설치를 하는 경우의 의무사용기간은 변경된 상품이 설치된 날로부터 재개시 됩니다. 그러나 갑의 귀책사유 및 제품의 하자로 인한 경우에는 기존의 사용기간을 합산합니다.

③ 임대차기간 중 을의 사정으로 ○○○를 변경하여 재설치를 하는 경우의 장기우대에 따른 임대료 할인은 ○○○ 변경일자를 기준으로 재산정하며, 기존 임대료가 할인되었을 경우에도 ○○○ 변경 시에는 정상임대료를 청구할 수 있습니다. 그러나 갑의 귀책사유 및 제품의 하자로 인한 경우에는 그러하지 아니합니다.

제10조(계약해지)

① 적절한 수질유지의무, ○○○의 하자보수 또는 관리의무를 불이행하거나 해태하는 등 갑에게 귀책사유가 있는 경우 을은 상당한 기간을 정하여 그 이행을 최고하고 그 후에도 갑이 이행하지 아니한 경우에는 을은 위약금을 부담하지 아니하고 계약을 해지할 수 있습니다.

② 을은 전항 이외의 경우에도 임의로 계약의 해지통고를 할 수 있으며 갑이 을로부터 해지의 통고를 받은 날로부터 7일이 지나면 그 효력이 생깁니다. 다만, 의무사용기간(의무사용기간이 없으면 임대차기간) 도중에 계약을 해지하는 경우에는 을은 갑에게 다음 각 호의1에 의한 위약금을 지급합니다.

1. 의무사용기간을 1년 이하로 정한 경우 : 의무사용기간의 잔여월 임대료 {월임대료×(의무사용일수 − 실제 사용일수)÷30. 이하에서도 동일함}의 30%에 해당하는 금액과 임대차기간 임대료 총합의 10%에 해당하는 금액 중 적은 금액
2. 의부사용기간은 없고 임대차기간을 1년 이하로 정한 경우 : 임대차기간 잔여월 임대료의 30%에 해당하는 금액과 임대료 총합의 10%에 해당하는 금액 중 적은 금액
3. 의무사용기간을 1년 초과로 정한 경우 : 의무사용기간 잔여월 임대료의 10%에 해당하는 금액
4. 의무사용기간은 없고 임대차기간을 1년 초과로 정한 경우 : 임대차기간 잔여월 임대료의 10%에 해당하는 금액

③ 수질의 현저한 악화 등으로 ○○○의 관리 및 유지가 곤란한 등의 사유가 있는 경우 갑은 서면으로 계약해지의 통고를 할 수 있으며 을이 그 통고를 받은 날로부터 7일이 경과하면 해지의 효력이 발생합니다.

④ 다음 각 호의 1에 해당하는 경우 갑은 14일 이상의 기간을 정하여 그 이행 등을 최고한 후에도 그 이행이 없는 경우에 이 계약을 해지할 수 있습니다.

  1. 을의 월 임대료 연체액이 3월 이상의 임대료에 달하는 경우
  2. 을이 제7조 제2항(관리의무)의 의무를 위배하는 경우

⑤ 제1항, 제3항에 의해 계약이 해지된 경우 갑은 등록비 상당의 손해배상금액을 을에게 반환함과 동시에, 을은 해지월의 실제 사용일까지의 사용기간(제10조 제1항 소정 사업자의 의무불이행이 있는 경우 그 기간은 제외)에 비례하여 정산한 월임대료를 갑에게 지급합니다. 다만, 제7조 제3항(갑의 동의없는 양도 등)을 위반하여 갑이 제3항의 계약해지를 하는 경우에는 설치등록비의 반환을 하지 아니합니다.

⑥ 제2항, 제4항에 의해 계약이 해지된 경우 을은 갑에게 ○○○를 반환하고 해지월의 실제 사용일까지의 사용기간에 비례하여 정산한 월임대료를 지급합니다. 이 경우 등록비는 을에게 반환되지 아니합니다.

제11조(소유권의 유보 및 이전)

① 임대기간 중 ○○○의 소유권은 갑에 있습니다.

② 천재지변 등 불가항력의 사유로 ○○○가 멸실, 훼손된 경우에는 갑이 그 위험을 부담합니다. 그러나 을의 책임 있는 사유로 ○○○가 훼손, 도난된 경우에는 을이 갑에게 동 ○○○의 수리비용 또는 대체 구입비용을 지급합니다.

③ ○○○를 인도.설치한 날로부터 ( )년이 경과하면 갑은 을에게 ○○○의 소유권을 이전할 수 있습니다. 이 경우에 매매금액은 갑과 을이 합의하여 무상 또는 을의 매수 청약시의 시가로 정할 수 있습니다.

④ 전항에 따라 ○○○의 소유권이 을에게 이전된 경우, 을은 갑에게 ○○○의 유지·관리 계약 체결을 요구할 수 있습니다.

제12조(고지의무)

① 을은 ○○○ 인수·설치 후 을의 주소가 변경되거나, 다른 장소로 ○○○를 이전하는 경우에는 그 사항을 즉시 갑에게 통지합니다.

② 을이 전항의 통지를 해태하여 발생한 불이익은 을이 부담합니다.

③ 갑은 계약만료로 소유권이 이전되거나 임대료가 변동하는 때의 50일 전부터 20일 전까지의 기간에 서면이나 전자우편 등 쉽게 확인할 수 있는 방법으로 관련 사항을 을에게 통지하여야 합니다.

제13조(지연손해금)

① 을이 약정일에 월 임대료를 지급하지 않는 경우에는 연체한 월 임대료에 대하여 연체일로부터 납일일까지 상사법정이율(연 6%)에 의한 지연손해금을 갑에게 지급합니다. 이 때에 연체임대료의 계산은 일할로 합니다.

② 금융시장의 변화에 따른 금리변동이 상당한 경우에는 갑과 을은 제1항의 지연손해금의 율을 변경할 수 있습니다.

③ 갑이 제2항에 따라 지연손해금의 율을 변경할 경우에는 변경기준일로부터 1개월간 모든 영업소에 게시합니다. 단, 을에게 불리하게 변경하는 경우에는 즉시 서면 통지합니다.

④ 을은 지연손해금의 율이 변경된 경우, 이에 이의가 있을 때에는 제3항의 서면 통지를 받은 날로부터 1개월 이내에 잔여 할부금 기타 잔대금 및 변경 전 이율에 의한 지연손해금을 일시 완제할 수 있습니다. 이 경우 잔여 할부금은 남은 기간에 대한 할부수수료를 공제합니다.

제14조(개인신용정보의 보호)

① 갑은 을의 신용을 확인하기 위하여 신용정보업자로부터 신용정보를 제공받으려고 하는 경우 개별적으로 을의 동의를 받아야 합니다. 이 경우 갑은 신용정보업자로부터 당해 계약에 필요한 범위에 한하여 정보를 제공받을 수 있습니다.

② 갑은 을의 개인신용정보를 을의 별도의 사전 동의 없이 다른 신용정보업자 및 기타 타인에게 제공할 수 없습니다.

제15조(기타)

① 이 약관에서 규정하지 않은 사항은 신의칙에 따라 갑과 을이 합의하여 결정하되 합의되지 아니한 사항은 관계법령 및 일반 거래 관행에 의합니다.

② 본 약관의 변경 또는 수정은 갑과 을이 서면으로 합의합니다.

③ 본 계약에 관한 소송은 민사소송법상의 관할에 관한 규정에 따릅니다.